Hariett Drack
Saal 210 – Wenn Menschen morden

**Über die Autorin**
Finanzbeamtin, Fremdsprachenkorrespondentin, BWL-Examen und durch Zufall zum Journalismus gekommen. Eine Anzeige in der ZEIT zum Thema Journalismus führte zur endgültigen Berufswahl. Was mit Berichten über Schützenfeste und Kaninchenzüchtervereine begann, mündete schließlich in vierzig Jahren Polizei- und Gerichtsreporter-Tätigkeit beim *Kölner Stadt-Anzeiger*. Über menschliche Abgründe zu berichten, aber auch die oftmals skurrilen Geschichten vor dem Amtsgericht – all das hat auch nach Jahrzehnten nicht den Reiz verloren. Und die Lust, darüber zu schreiben.

# HARIETT DRACK

# SAAL 210
## WENN MENSCHEN MORDEN

Fälle aus dem Schwurgericht

QUADRIGA

Die Bastei Lübbe AG verfolgt eine nachhaltige Buchproduktion.
Wir verwenden Papiere aus nachhaltiger Forstwirtschaft und verzichten darauf,
Bücher einzeln in Folie zu verpacken. Wir stellen unsere Bücher in
Deutschland und Europa (EU) her und arbeiten mit den Druckereien
kontinuierlich an einer positiven Ökobilanz.

Die Geschichten in diesem Buch beruhen auf Tatsachen.
Zum Schutz der Persönlichkeitsrechte wurden die Namen
der Protagonisten geändert.

Originalausgabe

Copyright © 2023 by
Bastei Lübbe AG, Schanzenstraße 6 – 20, 51063 Köln

Textredaktion: usb bücherbüro, Ulrike Strerath-Bolz
Umschlaggestaltung: © Sabine Dunst | Guter Punkt, München
Einband-/Umschlagmotiv: © Patrick Essex, Köln
Satz: Dörlemann Satz, Lemförde
Gesetzt aus der Bembo MT
Druck und Verarbeitung: GGP Media GmbH, Pößneck

Printed in Germany
ISBN 978-3-404-07013-8

2 4 5 3 1

Sie finden uns im Internet unter quadriga-verlag.de
Bitte beachten Sie auch: lesejury.de

»Klug komponierte Gerichtsreportagen – meisterhaft erzählt.«
*Daniel Müller, Chefredakteur ZEIT Verbrechen*

»Akribisch recherchiert, fesselnd erzählt, über Jahrzehnte geschulter psychologischer Blick: Man muss immer weiterlesen. Mehr davon!«
*Konstanze Jankowski, Forensikerin Rechtsmedizin Universität Köln*

»Wahre Kriminalfälle – einer packender und bisweilen verstörender als der andere –, die eindrucksvoll beweisen, dass sich menschliche Abgründe quer durch die Gesellschaft ziehen. Professionell dargestellt, absolut lesenswert!«
*Bastian Blaut, Oberstaatsanwalt und Leiter der Abteilung Kapitalverbrechen Staatsanwaltschaft Köln*

»Spannende Sammlung Literatur gewordener Realität, mitreißende Lektüre.«
*Roland Ketterle, Präsident Landgericht Köln*

»Beeindruckende Exkursionen in die Grenzbereiche menschlicher Entscheidungsbildung, die umso eindringlicher sind, als jede Schilderung nichts als die Wahrheit erzählt. Da sage noch einer, Strafjustiz sei etwas für Langweiler: Mehr echtes Leben gibt es in so dichter Schilderung nur selten zu lesen. Hariett Drack zeigt, was Kriminalfälle so faszinierend macht, lotet die Ursachen für menschliche Fehlentscheidungen aus, zeigt dabei Haltung und bezieht wo nötig auch Stellung, freilich ohne reißerisch zu moralisieren. Unbedingt zur Lektüre empfohlen!«
*Ulf Willuhn, Oberstaatsanwalt, Leiter der Abteilung für Politische Strafsachen Staatsanwaltschaft Köln*

»Große Prozessmomente wiedererleben. Klasse erzählt und immer fesselnd!«
*Prof. Jan Orth, Vorsitzender Richter, Landgericht Köln*

# INHALT

| | |
|---|---:|
| Vorwort | 9 |
| Das Monster | 13 |
| Ein Schlachtfeld | 27 |
| Ein Stück Müll | 40 |
| Das verschwundene Kind | 48 |
| Fauler Hund | 61 |
| Totes Schwein | 72 |
| High Heels | 86 |
| Bananenshake | 95 |
| Zu spät | 104 |
| Fast perfekt | 116 |
| Die Ratte | 131 |
| Üble Missetaten vor dem Amtsgericht | 159 |

# VORWORT

Wer sich mit Verbrechen beschäftigt, der beschäftigt sich mit dem Leben, nicht mit dem Tod – ein oft zirkulierendes Missverständnis. Ja, wenn ein Mensch gewaltsam zu Tode kommt, endet dieses eine Leben auf denkbar tragische Weise, aber wer wirklich wissen will, wie und warum dieser Mensch sterben musste, der seziert dessen Leben. Die oft banalen, immer fatalen Wege, die dort hinführten, zu diesem grauenvollen Klimaxmoment. Und die Tote ist ja nicht das einzige Opfer der Straftat. Es gibt jene, die zurückbleiben. Die weiterleben. Hinterbliebene. Angehörige. Freunde. Kolleginnen.

Und es gibt, auf der anderen Seite, auch die Täter. Jene, die damit umgehen müssen, Leben genommen zu haben. Auch sie leben weiter. In der Summe ergibt das einen ganzen Reigen an Menschen, die trauern, leiden, verzweifeln, kämpfen. Die sich rechtfertigen, die abstreiten und lügen. Alle diese Menschen treffen in unserer Gesellschaft an nur einem einzigen Ort aufeinander: im Gericht. Dem natürlichen Habitat von Richtern, Staatsanwälten, Strafverteidigerinnen – und Gerichtsberichterstattern. Wenn diese ihren Job ernst nehmen, dann sind sie keine Todesapologeten, sondern Lebensberichterstatter. Charakterjäger. Gefühlsseismografen. Journalistinnen, denen es gelingen muss, die Fakten wiederzugeben, ohne die Emotionen zu vernachlässigen. Das ist viel schwieriger, als es klingt. Denn überall lauern Gefahren: Kitsch. Moral. Besserwisserei. Ahnungslosigkeit.

Es gibt nicht mehr viele Gerichtsreporter da draußen, die ihren Job wirklich verstehen. Die Tag für Tag ins Gericht stapfen, sich auf oft viel zu harten Stühlen ihre Rücken ruinieren, die stundenlang zuhören, also wirklich zuhören, nicht nur auf möglichst dramatisierbare Schlagwörter warten, um fünfzig Zeilen Sensation verkaufen zu können. Sondern die eintauchen in das Leben von Opfern, Tätern, Zeuginnen. Die verstehen wollen, was reflexhaft als unverstehbar gelabelt wird. Die sich weiterbilden, um forensisch-psychiatrische Gutachten bewerten zu können. Die den Unterschied zwischen einer Berufung und einer Revision kennen. Die sich nicht zu schade sind, mit Beteiligten zu sprechen.

Hariett Drack ist so jemand. Sie ist sich nie für etwas zu schade. Sie nimmt sich nie wichtiger als das Sujet. Sie baut keine Satzgirlanden, ihre Texte brauchen keine Sahne. Sie sprießen nicht vor tollen Ideen (die meisten tollen Ideen sind nämlich gar nicht so toll), sondern vor scharfen Beobachtungen. Sie beziehen ihre Kraft aus der Ernsthaftigkeit, mit der Hariett Drack dem Strafrecht und all seinen Protagonistinnen begegnet.

Ich werde nie die ersten Zeilen vergessen, die ich von ihr las. Es war keine ihrer Gerichtsreportagen, es war eine Mail, die mich als Chefredakteur des Kriminalmagazins ZEIT *Verbrechen* mitten im ersten Corona-Lockdown erreichte. »Normalerweise«, schrieb sie, sei Aufdringlichkeit ihre Sache nicht, »aber was ist schon normal in diesen Tagen?« Sie schickte mir zwei Texte, zwei Nahaufnahmen aus Saal 210 im Kölner Landgericht. Zwei klug komponierte Gerichtsreportagen, die ich liebend gern sowohl in der ZEIT als auch in ZEIT *Verbrechen* abdruckte – und die Sie auch in diesem Buch lesen können.

Als wir anfingen, zusammenzuarbeiten, miteinander über Texte zu diskutieren, aber genauso leidenschaftlich über das Leben und die Probleme, die dieses uns allen tagtäglich bereitet, da stellte ich schnell fest, dass auch Normalität ihre Sache nicht ist. Hariett ist Kölnerin, und Kölnerinnen sind eine interessante Spezies. Es gelingt ihnen, gleichzeitig schrill und zurückhaltend zu sein, laut und leise, mutig und verzagt, bedingungslos optimistisch und fatalistisch. Sie sind alles, nur eben nicht »normal«. Und wer in diesem Bereich reüssieren will, dem ist so ein Eigenschaftsbaukasten die stärkste Währung. Denn auch Verbrechen sind nie schwarz oder weiß, sie tragen Kleider in mannigfaltigen Grautönen.

Diese sichtbar zu machen, das ist seit vierzig Jahren Hariett Dracks Lebensaufgabe. Wenn Sie mich fragen: Sie meistert sie, nun ja, meisterhaft.

Daniel Müller
Chefredakteur *ZEIT VERBRECHEN*

# DAS MONSTER

Nur mal kurz raus, vor die Tür, auf eine Zigarette. Durchatmen. Ein bisschen Ruhe finden. Drinnen, in der Villa Kunterbunt, geht es zu wie in einem Bienenschwarm. Fünfundneunzig Kinder toben dort, singen, spielen, kreischen. Sabine Nölle, eine erfahrene Erzieherin, leitet den integrativen Kindergarten in Bergheim-Niederaußem.

An jenem Sommertag im August 2020 zieht die Pädagogin an ihrer Zigarette und sieht auf der anderen Straßenseite Jana Schmidt entlangschlendern. Die Dreiundzwanzigjährige ist zum dritten Mal schwanger, ihre Kinder Alina und Paul sind fünf und vier Jahre alt. Die Erzieherin kennt die junge Frau. Mit Alina gab es immer wieder Probleme. Auf Vermittlung des Jugendamts erhielt das schwächelnde Kind bereits Ergo-, Logo- und Bewegungstherapie. Deshalb hatte ihr früherer Kindergarten den Wechsel in die Villa Kunterbunt angeregt: Dort wird schon seit Jahren ein heilpädagogisches Gesamtkonzept angeboten.

Im Februar 2020 hatte Jana Schmidt ihre Tochter dort angemeldet – und kam allein. Auch zu allen weiteren Treffen brachte sie das Kind nicht mit. Die kleine Alina lernte die Leiterin nur auf dem Papier kennen. »Das ist eigentlich unüblich.« Es wirkte so, als wollte die Mutter die kleine Tochter verstecken.

Die erfahrene Erzieherin beschleicht ein ungutes Gefühl, als Alina auch am 10. August, ihrem ersten Kindergartentag, nicht auftaucht. Sie greift zum Telefon. Jana Schmidt erklärt, die Tochter sei so schwach, sie könne sich kaum auf den Beinen halten. Ein Termin »in der Röhre« stehe an, Ende August in der Neurologie des Kölner Klinikums. Die Leiterin fragt: »Warum so lange warten?« – »Wegen Corona, es gibt keinen früheren Termin.« Was die Leiterin nicht ahnt: Diesen Termin gab es nie.

Als die Erzieherin schließlich am 21. August während ihrer Zigarettenpause die schwangere Mutter zufällig auf der Straße sieht, spricht sie sie an. Jana Schmidt erzählt, dass Alina nicht mehr selbstständig laufen könne und nur noch im Bett liege, sie leide an einer »Muskeldystrophie«. Die Erzieherin weiß, dass diese Diagnose in keinem der Therapie- und Arztberichte auftauchte, die in der Villa Kunterbunt vorlagen. Und sie hört auf ihr Bauchgefühl: »Mit dem Kind kann was nicht stimmen.« Sie ruft das Jugendamt an – und rettet damit Alinas Leben.

Noch am selben Freitagmittag stehen zwei Mitarbeiterinnen vor der Wohnungstür der Schmidts. Sie sind nicht die ersten Vertreterinnen des Bergheimer Jugendamtes hier. Die Familie wird seit 2017 von einer Familienhelferin unterstützt, doch auf Wunsch von Jana Schmidt wurde die Hilfe 2019 eingestellt. Sie wolle »allein klarkommen«. Für das Jugendamt ist das damals ein »gutes Zeichen«. Die Familie bewohnt in dem Mehrparteienhaus eine 127 Quadratmeter große Dachwohnung. Jedes Kind hat ein eigenes Zimmer, es gibt eine Gästetoilette. Die Miete zahlt das Amt.

Die beiden Sozialarbeiterinnen kennen den Fall nur aus den Akten. Sie werden später die Bauernopfer in diesem Skandal sein, beiden wird die Behörde fristlos kündigen. Weil sie keine Ahnung haben, was sich in der Familie in den letzten beiden Jahren abgespielt hat. Ihnen erklärt die Mutter kurz die angeblichen Fakten: Alina sei zu achtzig Prozent geistig behindert, habe Essprobleme. Die Tochter sei nicht zu Hause, sondern halte sich übers Wochenende bei einem Onkel auf einem Campingplatz in Hennef auf.

Alles gelogen.

Jana Schmidt verweigert den Zutritt zu Alinas Zimmer, sie will erst aufräumen: »Es war ihr unangenehm, wegen der schmutzigen Bettwäsche, dem strengen Geruch und der vollen Windeln in Alinas Zimmer. Sie wollte das Zimmer säubern, bat um eine Viertelstunde«, erinnert sich die Sozialarbeiterin später vor Gericht und ergänzt: »Es war komisch, dass sie uns nicht reinlassen wollte.« In den Akten ist später davon die Rede, dass die Mutter in der Zwischenzeit Alina im Schrank versteckt haben könnte.

Sie ist empört über den unangekündigten Besuch vom Amt, aber einverstanden, dass ein neuer Termin vereinbart wird. Drei Tage später, am 24. August, sitzt Alina apathisch auf dem Teppich im Wohnzimmer und verlangt nach einer Banane – ihrem Mittagessen. Als sie mehr möchte, vertröstet die Mutter sie aufs Abendessen. Jana Schmidt demonstriert den Mitarbeitern, wie schwach die Tochter ist: »Sie hat sie hochgehoben, das Kind sackte mit schmerzverzerrtem Gesicht in sich zusammen.« Alles habe »wie inszeniert« gewirkt.

Das Kind wiegt zu diesem Zeitpunkt 8,2 Kilogramm. Exakt diese Zahl hatte der Kinderarzt bei Alinas Vorsorgeuntersuchung zwölf Monate nach der Geburt im U-Heft notiert. Kinder gleichen Alters und gleicher Größe sollten mehr als das Doppelte auf die Waage bringen.

Die Sozialarbeiterin drängt auf einen Arzttermin. Ihr scheint das Kind »sehr, sehr dünn«. Aber Alinas Zustand sei nicht lebensbedrohlich gewesen. »Sie war wach, brabbelte vor sich hin, war mitten im Geschehen.« Zu keinem Zeitpunkt habe sie sich vorstellen können, »dass von der Mutter eine derartige Gefährdung ausgehen könnte«.

Im Jugendamt übergibt die Sozialarbeiterin am nächsten Morgen der zuständigen Sachbearbeiterin Ilse B. die Akten, sie betreut die Familie seit 2017. Es vergehen noch einmal zwei Tage, bis die Behörde handelt und für Alina einen Arzttermin organisiert. Der Kinderarzt erkennt auf einen Blick den lebensbedrohlichen Zustand der kleinen Patientin. Er untersucht sie erst gar nicht, sondern wählt sofort 112: »Ich bin seit über dreißig Jahren Kinderarzt, aber so ein extremst unterernährtes Kind habe ich noch nie gesehen«, wird er später bei der Polizei aussagen. Mit dem Rettungswagen wird Alina in die Notaufnahme der Kölner Uniklinik gebracht. Dort diagnostizieren die Ärzte »akute Lebensgefahr«.

Jana Schmidt behauptet im Krankenhaus, die Tochter leide an einer Lebensmittelunverträglichkeit, verweigere die Nahrungsaufnahme und habe Magen-Darm-Probleme. Ständig erfindet sie neue Geschichten, neue Krankheiten, neue Ausreden. Alina, so beharrt sie in der Klinik, behalte grundsätzlich kein Essen bei sich, deshalb sei sie in letzter Zeit so stark abgemagert. Der Oberarzt hält vor Gericht dagegen: »Wenn man gesehen hat, mit welchem Genuss das Kind bereits am ersten Tag seiner Aufnahme ein Butterbrot gegessen und bei sich behalten hat, dann steht dieses Bild für sich.«

Alina sei so schwach gewesen, dass die Klinik eine Spezialmatratze organisierte, um einen Dekubitus abzumildern. Allerdings habe sich ihr Zustand »rasant gebessert«. »Wir haben in sechs Wochen nichts anderes getan, als sie mit Nahrung zu versorgen.« Nach vier Wochen hat sie bereits vier Kilogramm zugenommen. Sie isst mit großer Lust, blüht auf, verlangt ständig nach mehr. »Sie hat sich aus diesem schrecklichen Zustand selbstständig herausgegessen«, sagt der Oberarzt. Für das extreme Untergewicht des Kindes, da ist er sicher, gibt es keine medizinische Erklärung. Alina habe vielmehr von der Mutter so gut wie nichts zu essen bekommen.

Dazu passt auch das Verhalten ihrer Mutter in der Klinik. Der Oberarzt nennt es »befremdlich«. Jana Schmidt sei nicht bereit gewesen, über Nacht bei Alina zu bleiben. »Ein Verhungerter leidet sehr. Sie muss sowohl starke körperliche Schmerzen als auch psychische Einschränkungen durchlitten haben«, sagt der Arzt. Im Gespräch mit der Mutter habe er aber keine Besorgnis erkennen können. Der katastrophale Gesamtzustand des Mädchens sei seiner Ansicht nach ausschließlich auf die familiäre Situation zurückzuführen.

Auch das Jugendamt reagiert nun und nimmt Alinas Bruder Paul wegen »möglicher Kindeswohlgefährdung« aus der Familie. Die Polizei wird eingeschaltet. Mit einem Durchsuchungsbefehl stehen die Beamten Tage später in der Wohnung. Im Einsatzprotokoll ist von »verschimmelten Essensresten« die Rede, von »meterhohen Müllsäcken in den Schränken und einer verdreckten Voliere mit zwei Frettchen«. Die Tiere laufen frei herum und hinterlassen in sämtlichen Zimmern beißend riechenden Urin. In der Küche wimmelt es in ungewaschenen Töpfen und Pfannen nur so von Maden. Auf dem Boden liegen im Dutzend ungeöffnete Briefe, Rechnungen, Mahnungen.

Es ergeht Strafanzeige gegen Jana Schmidt und ihren Lebensgefährten Kevin B., ebenfalls dreiundzwanzig Jahre alt, der seit einem Jahr mit ihr zusammenlebt. Die im fünften Monat schwangere Frau kommt am 8. September 2020 in Haft, wegen des Verdachts auf versuchten Totschlag durch Unterlassen und Kindesmisshandlung. Der Oberarzt sagt der Polizei am Telefon: »Das Kind war kurz vor dem Hungertod. Dermaßen unterernährte Kinder gibt es in Deutschland nicht. Solche Bilder kennt man höchstens aus der Tagesschau.«

Die Ermittler haken beim Jugendamt nach. In einer Stellungnahme heißt es, in der Familie sei es nach Auslaufen der Betreuungsmaßnahme 2019 »zu keinen Auffälligkeiten« gekommen. Alinas Gewicht sei bei den kinderärztlichen Untersuchungen zwar »am unteren Rand, aber noch im Rahmen gewesen«.

Auf Anfrage sagt der zuständige Fachbereichsleiter des Bürgermeister- und Ratsbüros in Bergheim, es könne sich um ein »individuelles Augenblicksversagen« gehandelt haben. Die Behörde bleibe nach »gründlicher Prüfung« bei ihrer Aussage, dass »die Strukturen im Jugendamt stimmten«. Von den beiden Mitarbeiterinnen, die Alina am 24. August gesehen und nicht gehandelt hatten, habe man sich mit Aufhebungsvertrag und Kündigung getrennt. Beide übrigens »langjährige Mitarbeiter und keine neuen Kollegen in der Probezeit«. Gegen sie läuft derzeit ein Ermittlungsverfahren bei der Kölner Staatsanwaltschaft wegen unterlassener Hilfeleistung.

Per Kaiserschnitt kommt Anfang Dezember 2020 das dritte Kind von Jana Schmidt in der Untersuchungshaft zur Welt. Der kleine Theo wird sofort vom Jugendamt in Obhut genommen. Jana Schmidt hat inzwischen für keines ihrer drei Kinder mehr das Sorgerecht. »Sie ist nicht in der Lage, Kinder zu erziehen, sie ist nicht bindungsfähig«, wird später ein Psychologe im Prozess dazu sagen.

Die Staatsanwaltschaft Köln klagt Jana Schmidt und ihren Lebensgefährten Kevin B. am 4. Dezember 2020 an: Aus dem ursprünglichen Verdacht des versuchten Totschlags ist nun »versuchter Mord durch Unterlassen« geworden. Die Anklagebehörde geht vom Mordmerkmal der Grausamkeit aus, spricht von »gefühlloser und unbarmherziger Gesinnung«.

Das Paar habe Alina »durch Unterlassen gequält und durch böswillige Vernachlässigung ihrer Pflicht, für sie zu sorgen, an der Gesundheit geschädigt und hierdurch in die Gefahr des Todes gebracht«. Jana Schmidt sei der lebensbedrohliche Zustand der Tochter »bewusst gewesen, dennoch überließ sie das Kind seinen Qualen«, heißt es in der Anklageschrift. Immerhin habe sie Alina noch am 25. August mit ihrem Handy fotografiert: »Auf dem Bild liegt das völlig abgemagerte Kind mit einer verschmutzten Windel in einem mit Kot und Erbrochenem verschmutzten Bett.«

Vermummt bis zur Unkenntlichkeit werden Jana Schmidt und Kevin B. am 12. August 2021 vor dem Kölner Landgericht zum Prozessauftakt aus der Untersuchungshaft vorgeführt. Alinas Mutter nimmt mit gesenktem Kopf neben ihrem Anwalt Platz. Die Strickmütze hat sie tief ins Gesicht gezogen, darüber die Kapuze ihres Hoodies gestülpt, die Corona-Maske tut ihr Übriges.

Jana Schmidt spricht ins Mikrofon, doch auch so ist sie kaum zu verstehen mit ihrer flüsternden Kleinmädchenstimme. Ihr Verhalten ist möglicherweise dem hohen Presseaufkommen geschuldet. Im Ermittlungsverfahren hatte Jana Schmidt bestritten, ihrer Tochter mit Absicht nichts zu essen gegeben zu haben. Jetzt verweigern beide Angeklagten die Aussage.

Kennengelernt hatte Jana Schmidt ihren Lebensgefährten Anfang 2019 über ein Dating-Portal. Erst wenige Wochen zuvor hatte sie ihren Ehemann, den Vater ihres zweiten Kindes Paul, vor die Tür gesetzt. Für Kevin B. war es »Liebe auf den ersten Blick«. Das hat sich – auf beiden Seiten – inzwischen intensiviert. In der Haft schreiben sich die beiden innige Liebesbriefe, sie wollen heiraten. Das Paar hat viel gemeinsam. Beide stammen aus schwierigen Familienverhältnissen, beide sind berufslos, beide scheinen wenig auf ihre Zukunftsperspektiven zu geben.

Im Prozess wird schnell klar, dass Jana Schmidt immerhin beim Jugendamt darauf gedrungen hatte, für Alina eine Familienhilfe und Therapien zu erhalten. Nur das Motiv dahinter darf in Zweifel gezogen werden. Da die Pflegestufe bewilligt wurde, erhielt die Familie zusätzlich zu der sonstigen finanziellen Unterstützung vom Amt 316 Euro Pflegegeld pro Monat. Mit dem Geld wurden wiederholt unbezahlte Rechnungen beglichen. Bei der Wohnungsdurchsuchung hatten Ermittler im Keller originalverpackte Ware sichergestellt: Nahrungsergänzungsmittel, Erektionshilfen, Zubehör für eine Playstation, Fitnessgeräte. Jana Schmidt häufte Schulden in Höhe von rund 20000 Euro auf.

Am fünften Prozesstag betritt Sascha F. mit unsicheren Schritten den Gerichtssaal. Als Exmann hat er ein Aussageverweigerungsrecht, aber er will aussagen, will belegen, wie sehr seine Ex alle belogen hat, wie sie eine Fassade aufbaute, auf die nicht nur er, sondern einfach alle reingefallen sind: das Jugendamt, die Familienhelfer, der Soziale Dienst, die Therapeuten. »Sie ist ein Monster«, sagt Sascha F.

Als er Jana Schmidt 2014 über eine Dating-App kennenlernt, ist sie bereits hochschwanger mit Alina. Sie gehen zusammen ins Kino, und es ist sofort um ihm geschehen. »Er war jung, verliebt und blauäugig«, sagt seine Mutter Doris F., die »wenig begeistert« von der Achtzehnjährigen war. Aber ihr habe das Mädchen auch leidgetan, deren Mutter die Hochschwangere vor die Tür gesetzt habe. Ihr Sohn nahm die neue Freundin bei sich auf.

Sascha F. steht im Kreißsaal, als das Kind, das nicht seines ist, am 14. November 2014 per Kaiserschnitt zur Welt kommt. »Nehmt sie weg«, habe Jana Schmidt gedrängt, als ihr der Säugling auf den Bauch gelegt wurde. Stillen sei für sie nicht infrage gekommen: »Sie hat gleich nach den Tabletten zum Abstillen gefragt.« Sie sei nie glücklich gewesen mit dem Neugeborenen. »Wenn ich von der Arbeit nach Hause kam, lag sie auf der Couch, das Kind hatte sie meistens in der Wippe vor den Fernseher gesetzt.« Er habe Alina dann erst einmal die Windel gewechselt: »Sie war oft wund.« Immer öfter habe es deshalb Streit gegeben. Er habe sich gewundert, warum seine Frau keine Bindung zu der Tochter aufbauen konnte. Geheiratet hat er sie trotzdem.

Immer wieder habe er seine Stelle wechseln müssen, weil seine Frau Unterstützung einforderte, ihn auf der Arbeit anrief, er möge sofort alles stehen und liegen lassen: »Ich sollte jedes Mal Urlaub nehmen, mich um das Kind kümmern, aber das macht ja kein Arbeitgeber lange mit.« Irgendwann bezog auch Sascha F. Hartz IV.

Es ist Sascha F.s Mutter Doris, die der kleinen Familie in dieser Zeit hilft, wo sie nur kann. Sie füllt fast täglich den Kühlschrank mit frischen Lebensmitteln, nimmt Alina am Wochenende zu sich, damit das Paar einmal Zeit für sich hat. Sie kauft Möbel, Teppiche, Gardinen. Die Stiefoma gibt alles für Alina, insgesamt rund 40000 Euro, wie sie vor Gericht schätzt. Irgendwann habe sie sich dann aber ausgenutzt gefühlt, als sie ein Telefonat am Handy ihres Sohnes mithört. Es geht wieder einmal um Geld, und Jana Schmidt schnauzt ihren Ehemann an: »Sag der blöden Kuh, wir brauchen noch eine Wickelauflage für die Kita, dann gibt die Alte auch mehr Kohle.«

Wenige Wochen nach der Entbindung ist Jana Schmidt wieder schwanger: »Dieses Kind hat sie gewollt, mit dem Jungen ging sie von Anfang an ganz anders um«, sagt Sascha F. Als sein Sohn Paul im Januar 2016 auf die Welt kam, sei Alina »endgültig abgemeldet gewesen, er war der Liebling.« Doch die Zankereien in der Ehe eskalieren. »Für uns war das der reinste Horrorfilm«, sagt Doris F., die sich nun täglich Schreckensnachrichten von ihrem Sohn am Telefon anhören muss: »Sie schreit, sie tickt aus, ich weiß nicht mehr, wo vorn und hinten ist, schimpft mich einen Versager.« Die Stiefoma informiert schweren Herzens das Jugendamt.

Ihr Sohn sagt: »Ich wollte die Ehe schon nach einem Jahr beenden. Aber wegen der Kinder bin ich geblieben.« Bis seine Ex ihn Ende 2018 vor die Tür setzt. Er kämpft um das Sorgerecht von Paul, aber Jana Schmidt weigert sich, lässt Termine vor dem Familiengericht platzen, will nichts mehr mit ihrem Ex zu tun haben. Heute lebt Paul bei seinem Vater, der inzwischen das alleinige Sorgerecht hat.

In dieser Zeit gibt es regelmäßige Besuche des Jugendamts bei Jana Schmidt und ihren Kindern. Angekündigte Besuche. Deshalb strahlt die Wohnung jedes Mal. Der Hinweis von Sascha F., einmal unangekündigt vorbeizukommen, um sich ein echtes Bild machen zu können – er wird ignoriert.

Die fatalen Fehleinschätzungen der amtlichen Helfer werden auch an anderer Stelle sichtbar. Eine Heilerziehungspflegerin, die sich seit Juli 2018 um Schuldnerberatung, Erziehung und Paarkonflikte in der Familie kümmert, beschreibt Jana Schmidt vor Gericht als »kooperativ, offen, bereit zur Mitarbeit«. Nie habe sie das Gefühl gehabt, »dass hier eine Kindeswohlgefährdung vorliegt.« Es habe sich um eine typische »08/15-Familienhilfe« gehandelt. Mit Eltern, die ihre Kinder nicht fördern, nicht mit ihnen spielen, wo den ganzen Tag der Fernseher läuft.

Auch Ilse B. vom Jugendamt Bergheim, die von Anfang an die Familie begleitet, hat offensichtlich nicht so genau hingeschaut. Sie habe die Kindsmutter stets als »liebevoll, zugewandt und fürsorglich gegenüber beiden Kindern erlebt«, sagt Ilse B. aus, und es klingt so, als redete die diplomierte Sozialpädagogin über eine andere Familie. Nicht bei der Mutter, sondern bei Alina und ihrem Bruder habe sie »Bindungsstörungen« festgestellt. Bei ihren – ebenfalls angekündigten – Hausbesuchen habe die Wohnung immer einen »sauberen, aufgeräumten Eindruck gemacht, der Kühlschrank war gefüllt, die Kinder wohlgenährt«, sagt die Zeugin. Stiefoma Doris F. hatte vergeblich versucht, die Familienhelferin auf die tatsächlichen Zustände aufmerksam zu machen. »Kommen Sie nicht nur zum Kaffeetrinken, sondern einmal spontan, dann sehen Sie, was hier los ist!«

Die Liste der Versäumnisse ist endlos. Denn auch die extremen Fehlzeiten der Kinder im katholischen Kindergarten St. Paul beunruhigten die Frau vom Amt nicht. Von insgesamt 354 Tagen hatten sowohl Alina als auch Paul an 230 Tagen gefehlt, davon an 172 Tagen unentschuldigt. Darauf angesprochen, reagiert Ilse B. im Zeugenstand leicht gereizt: »Ein Kindergartenbesuch ist ja freiwillig und nicht zwingend.« Der Kindergarten hatte das Amt zudem darüber informiert, dass die Ergotherapeutin immer wieder vergeblich zum Termin komme, weil Alina so gut wie nie da sei. Als für die Therapie ein Fahrdienst bewilligt wird, wiegelt Jana Schmidt ab: Alina sei zu schwach und zu krank. Sieht so für das Jugendamt eine »liebevolle, zugewandte und fürsorgliche« Mutter aus?

Die Rabenmutter fiel wohl auch deshalb so lange nicht auf, weil andere ihre Arbeit machten. Anerkennend notierte eine weitere Familienhelferin in ihren Berichten ans Amt: »Die Stiefoma ist eine gute Ressource für die Familie.« Doris F. sprang nicht nur finanziell ein, sie bot Alina auch die Förderung, die dem Kind so sehr fehlte. Sie ging mit der Kleinen in den Tierpark, auf den Spielplatz, malte, spielte, las mit ihr. Von den angeblichen Nahrungsunverträglichkeiten, mit denen Jana Schmidt später die fatale Gewichtsabnahme begründete, sei zu keinem Zeitpunkt die Rede gewesen, sagt Doris F. im Zeugenstand: »Alina hat alles gegessen und getrunken und vertragen. Sie war ein ganz normales, fröhliches, zugewandtes Kind.«

So sieht das auch Sibylle Banaschak, leitende Oberärztin der Kölner Rechtsmedizin. Zuletzt war Alina so schwach, dass sie die Gabel nicht mehr zum Mund führen konnte, geschweige denn über die Kraft verfügte, sich fortzubewegen. »Ihr Zustand war lebensbedrohlich aufgrund einer massiven Unterernährung«, sagte die Rechtsmedizinerin. Die Fehl- und Mangelernährung habe ab dem vierten Lebensjahr begonnen: zu einem Zeitpunkt, als Jana Schmidt der Stiefoma jeglichen Kontakt untersagte und den Ehemann vor die Tür gesetzt hatte. Bis dahin habe sie sich »durchaus normgerecht« entwickelt und keineswegs an angeborenem Kleinwuchs gelitten, wie die Mutter behauptet hatte. Vielmehr läge hier »psychosozialer Minderwuchs« vor. Kinder mit Schlafstörungen, die Zurückweisung, fehlende Zuwendung und keine Geborgenheit erfahren, schütten im Schlaf viel weniger Wachstumshormone aus. Dass Alina überhaupt so lange durchgehalten hat, »grenzt an ein Wunder. Sie hätte an der kleinsten Infektion sterben und jeden Morgen tot im Bett liegen können«.

Auch Jana Schmidt und ihrem Partner Kevin B. ist Anfang 2020 sehr wohl bewusst, dass sich die damals Fünfjährige in einem lebensbedrohlichen Zustand befindet. »Wir fragen uns schon, ob Alina eines Morgens nur noch da liegt und nicht mehr aufwacht«, schreibt B. in einer Textnachricht. Der Chatverlauf ist in den Akten dokumentiert.

Was geht in einem Menschen vor, der monatelang dabei zusieht, wie ein Kind verhungert? Antwort darauf gibt das Gutachten des psychologischen Sachverständigen. Hanns Jürgen Kunert hat bei Jana Schmidt »Mangel an Empathie, Kaltherzigkeit und geringe Frustrationstoleranz« als herausragende Persönlichkeitsmerkmale festgestellt und spricht von »erheblichen Defiziten in der zwischenmenschlichen Beziehungsgestaltung«. Die Mutter sei »ein Pulverfass«, »kaum in der Lage, sich den Anforderungen des Alltags zu stellen«. Sie neige dazu, aufgrund ihres manipulativen Verhaltens »andere für sich arbeiten zu lassen, um ihre Interessen durchzusetzen«, und gebe »gern auch anderen die Schuld für Dinge, die sie zu verantworten hat«. Für krankhaft gestört hält er sie aber nicht. Eine verminderte Schuldfähigkeit sei daher auszuschließen.

Auch die Psychiaterin Konstanze Jankowski hält Jana Schmidt für voll schuldfähig. Sie diagnostiziert eine »hohe dissoziale Persönlichkeitsstruktur«, die allerdings nicht ausgeprägt genug sei, um eine Schuldunfähigkeit zu begründen. Die Gutachterin lässt kein gutes Haar an Jana Schmidt, bescheinigt ihr »Verlogenheit, Dickfelligkeit, Unbarmherzigkeit«.

Nach dreizehn Verhandlungstagen verurteilt die 11. Große Kammer Jana Schmidt und ihren Lebensgefährten wegen versuchten Mordes durch Unterlassen. Die Kammer sieht gleich zwei Mordmerkmale als erfüllt an: Das Paar habe grausam sowie zur Verdeckung einer Straftat gehandelt. Ihre schwierige Kindheit und Jugend, die beiden Angeklagten gemein ist, berücksichtigt das Gericht bei der Strafzumessung. So muss Jana Schmidt für neun Jahre, ihr Partner für sieben Jahre ins Gefängnis.

Im Krankenhaus hat Alina kein einziges Mal nach der Mutter gefragt. Nach sechs Wochen wird sie zunächst in eine Pflegefamilie entlassen. Jetzt lebt sie in einer heilpädagogischen Einrichtung und soll dort bis zu ihrem achtzehnten Lebensjahr bleiben. Das Mädchen wiegt jetzt 19 Kilogramm. Wie andere Kinder in ihrem Alter auch. Zur großen Freude ihrer Stiefoma Doris F., die Alina regelmäßig besucht und die Kleine inzwischen auch für ein paar Tage mit nach Hause nehmen darf.

# EIN SCHLACHTFELD

Ein liebevolles Elternhaus, eine behütete Kindheit, keine finanziellen Sorgen, ein unbeschwertes Dasein – und trotzdem tötet eine Zweiundzwanzigjährige nach einer verheimlichten Schwangerschaft ihr Neugeborenes. Sie offenbart dabei einen »erschreckenden Vernichtungswillen«. Und jeder fragt sich: Wie konnte das geschehen?

Der 18. April 2021 ist ein Sonntag, im Fernsehen läuft die *Tagesschau*. Die Eheleute Werner und Supin T. haben es sich vor dem Fernseher bequem gemacht. Gleich kommt der Tatort, da sitzt in der Regel auch Tochter Kim mit dabei im Wohnzimmer des elterlichen Einfamilienhauses, so ist es Tradition in der Kerpener Kleinfamilie. Doch die junge Frau liegt schon im Bett, als der Vater an der verschlossenen Kinderzimmertür klopft. Kim will ihre Ruhe: »Schlimme Bauchkrämpfe«, ruft sie durch die Tür. Tee und Wärmflasche, die der Vater fürsorglich bereitstellen will, lehnt sie unwirsch ab. Während sich die Eltern den Krimi ansehen, spielt sich im Zimmer nebenan ein reales Verbrechen ungeahnten Ausmaßes ab.

Nach einer erfolgreich verheimlichten Schwangerschaft bringt Kim in ihrem Kinderzimmer innerhalb von neun Stunden eine Tochter zur Welt. Kein Stöhnen, kein Aufschrei, kein Schmerzenslaut ist zu hören, Kim verkneift sich jeden Laut:

»Weil das Haus so hellhörig ist«, erklärt sie später im Prozess ihr Verhalten. Das Neugeborene lebt und ist »lebensfähig«, sagt die Rechtsmedizin. Doch Kim will das Kind nicht und ist angeblich wie ferngesteuert, als sie die Tochter mit den Fäusten ins Gesicht schlägt, damit das wimmernde Kind endlich still ist, denn die Eltern liegen inzwischen gleich nebenan in ihrem Schlafzimmer. Sie zieht ein Cutter-Messer aus der Nachttisch-Schublade, schneidet die Nabelschnur durch. Dann stülpt sie dem Baby eine Plastiktüte über den Kopf, schlingt zweimal ein Handykabel um den Hals des Neugeborenen – und zieht zu. Danach schläft sie erschöpft ein. Erfahrene Mordermittler machen später keinen Hehl aus ihrer Fassungslosigkeit über diese »besonders brutale Art und Weise, ein Kind zu töten«. In der Regel töten Mütter ihre Neugeborenen, indem sie sie unversorgt einfach liegen lassen, manche ersticken sie auch, heißt es später von Seiten der Anklage.

Als Kims besorgter Vater am nächsten Morgen erneut an der Tür klopft, um sich nach dem Befinden der Tochter zu erkundigen, hat Kim das tote Baby bereits in einen schwarzen Kapuzenpulli gewickelt und im Bettkasten versteckt. Sie selbst droht zu verbluten, schwebt in akuter Lebensgefahr, weil sich die Plazenta nicht gelöst hat. Als sie dem Vater endlich die Tür öffnet, ist alles voller Blut: »Es sah aus wie auf einem Schlachtfeld.« Die Eltern rufen den Rettungswagen, im Krankenhaus verweigert Kim die gynäkologische Untersuchung, immer noch in der Hoffnung, die Geburt bliebe unentdeckt. Doch angesichts des enormen Blutverlusts ist ein operativer Eingriff unvermeidlich und offenbart die heimliche Geburt.

Nach der Operation gibt Kim alles zu: die heimliche Schwangerschaft, die Geburt, das getötete Kind, dessen Leiche im Bettkasten versteckt liegt. Noch am Krankenbett wird ihr der Haftbefehl mitgeteilt, am nächsten Tag wird sie in die Justizvollzugsanstalt eingeliefert.

Sechs Monate später kommt es am 12. Oktober 2021 vor der 5. Großen Strafkammer des Kölner Landgerichts zum Prozess. Die Anklage geht von Totschlag aus und wirft der Zweiundzwanzigjährigen vor, »einen Menschen getötet zu haben, ohne Mörder zu sein«. Eine psychiatrische Sachverständige spricht in ihrem vorläufigen Gutachten von »deutlicher Reifeverzögerung« und einer »kindlich-naiven Grundhaltung«. Eine verminderte Schuldfähigkeit aufgrund der »enormen Belastungssituation durch die heimliche Geburt« sei nicht auszuschließen.

Doch es kommt anders. Die Haare straff aus dem Gesicht gekämmt, nimmt die zierliche Angeklagte mit den mädchenhaften Gesichtszügen zwischen ihren beiden Verteidigern Platz. Sie lebe »seit der Tat in einem nicht enden wollenden Albtraum«, führen die Anwälte für ihre Mandantin aus, das Geschehen sei »eine einzige Tragödie«. Von der Schwangerschaft sei Kim »überrascht« worden, habe diese lange nicht wahrhaben wollen. Eine Tötung sei zu keinem Zeitpunkt geplant gewesen. Vielmehr habe Kim eigentlich vorgehabt, anonym in einem Krankenhaus zu entbinden, alternativ das Kind in einer Babyklappe abzugeben.

Als sich die Geburt in der Nacht zum 19. April ankündigte, habe sie »wie im Film neben sich gestanden und nicht steuern können«. Wörtlich heißt es in der Verteidigererklärung: »Sie wollte dem Kind helfen, es gesund zur Welt zu bringen, konnte es aber nicht.« Doch sowohl das Gericht als auch Oberstaatsanwältin Margarete Heymann sehen in der Aussage einen »gewissen Widerspruch«. »Film ja, aber Sie haben Regie geführt und darin die Hauptrolle gespielt«, hält die Anklägerin der Angeklagten entgegen. Auch hatte Kim eingeräumt, noch bis unmittelbar vor der Geburt regelmäßig »Party gemacht zu haben«. Dazu gehörten eine Schachtel Zigaretten pro Tag, am Wochenende regelmäßig Wodka-Cola – und wechselnde Liebhaber. »Eine gesunde, verantwortungsvolle Haltung in einer Schwangerschaft sieht anders aus«, hält Heymann ihr vor.

Überhaupt ist Kim keineswegs der unbedarfte, kindlich naive Teenager, der in seiner Verzweiflung nicht mehr aus noch ein wusste und von dem gesamten Geschehen überrannt worden sein will. Die Auswertung ihres Handys ergab, dass sich Kim S. bereits in einem sehr frühen Stadium der Schwangerschaft über die Pille danach, anonyme Geburten und Babyklappen im Internet informierte. Gegenüber der Polizei hatte sie bis zuletzt behauptet, sehr lange nichts von ihrer Schwangerschaft geahnt zu haben. Bei der Frage nach Verhütung zuckt sie nur mit den Schultern. Ja, die Pille habe sie früher mal eingenommen, dann wieder nicht, denn »ich wollte nicht so viel Chemie zu mir nehmen«.

Das Bild eines ängstlichen, unsicheren und verzweifelten Menschen, das die junge Frau auf der Anklagebank von sich zeichnet, erhält mehr und mehr Risse, als ihre Freunde, Ex-Liebhaber und Bekannte im Zeugenstand Platz nehmen. Ein langjähriger Wegbegleiter, der in den letzten Wochen und Monaten mit Kim S. regelmäßig auf die Piste ging, um Party zu machen, beschreibt die Angeklagte als »selbstbewusste, stabile Person, die wusste, mit Problemen umzugehen«. Auch die ehemals beste Freundin unterstreicht die Eigenständigkeit der Angeklagten: »Sie hat alles allein entschieden.« Kim sei »lebenslustig, hilfsbereit und nie egoistisch«. Allerdings sagte die Einzelhandelskauffrau auch: »Sie konnte aggressiv sein. Wenn sie sich provoziert oder beleidigt fühlte, ging sie an die Decke, wurde oft handgreiflich.«

Die Gewichtszunahme habe Kim mit Kleidung in Übergröße kaschiert. Darauf angesprochen, habe sie behauptet: »Das sind Corona-Pfunde, ich esse zu viel.« Ihre aggressiven Eigenschaften bestätigte auch die erste große Liebe der Angeklagten, ein Hüne von einem Mann mit eher schlichtem Gemüt und einem alles andere als blütenweißen Vorstrafenregister. Kim wurde von ihm mit achtzehn Jahren schwanger und ließ das Kind abtreiben. Sie habe ihm im Streit einen Aschenbecher an den Kopf geworfen und die Auseinandersetzung gesucht, berichtete der Zwei-Meter-Mann überzeugend im Zeugenstand. Und die beste Freundin ergänzt: »Es klingt hart, aber jeder aus dem Viertel konnte mit ihr Sex haben.« Tatsächlich war einvernehmlicher Geschlechtsverkehr mit wechselnden Sexualpartnern für Kim nicht ungewöhnlich. Das bestätigt nicht nur sie selbst, sondern auch der Kindsvater. Er hatte erst nach dem Tatgeschehen erfahren, dass sie von ihm schwanger war. Man kannte sich, ging ab und zu miteinander ins Bett, das war es dann auch schon. In der Clique hieß diese Art des Beziehungsstatus »Freundschaft plus«. Keine Emotionen, keine Beziehung, man wusste so gut wie nichts voneinander. »Ging man nicht mal miteinander ins Kino oder essen, unterhielt sich?«, versuchte die Anklägerin diese Beziehungsform zu hinterfragen – und erntete Kopfschütteln.

Über das Thema Kinder hatten die damals besten Freundinnen viel geredet: »Sie wollte eine Familie gründen, Kinder haben, wenn der Richtige kommt. Aber das war Zukunftsmusik«, sagte die Zeugin. Nach ihrem Realschulabschluss hatte Kim zunächst eine kaufmännische Ausbildung an einer Tankstelle begonnen. Doch sie überwarf sich mit ihrem Chef, begann eine Lehre in einer Bäckerei, die der Vater ihr durch private Kontakte besorgt hatte. Aber auch da fiel sie durch unbeherrschtes, arrogantes Benehmen auf und brach die Ausbildung schließlich ab. »Sie konnte sich nicht fügen, geriet mit dem Personal aneinander«, erinnerte der Vater sich im Zeugenstand. Schon in der Schule sei Kim negativ aufgefallen: »Mal mobbte sie eine Klassenkameradin, verprügelte einen Mitschüler oder fälschte die Unterschrift der Mutter.« Zuletzt arbeitete sie stundenweise in der Küche ihrer ehemaligen Schule und stand zeitweise an der Theke eines Thai-Imbisses. Immerhin hatte sie sich um eine Ausbildung zur Kinderpflegerin bemüht und die Zusage für August 2021 bekommen.

Wäre die Tragödie vermeidbar gewesen? »Nein«, lautet entschieden die Antwort des Vaters, als er im Zeugenstand über das Familienleben Auskunft gibt. Kims Mutter habe er in Indonesien kennengelernt, auf einer seiner zahlreichen Auslandsreisen: Als gefragter Mechaniker war er für seinen Arbeitgeber – einem multinationalen Automobilhersteller – auf Rennstrecken weltweit im Einsatz. Als Beleg für seine Ahnungslosigkeit beschreibt der Vierundfünfzigjährige eine Szene, die sich keine drei Wochen vor der Tat abspielte. Vater, Mutter und Tochter hatten sich im Badezimmer versammelt: »Wir wollten uns messen und wiegen, um dann die Corona-Pfunde mit einem gezielten Sportprogramm abzutrainieren.« Den Zettel mit den Messdaten hat der Vater im Zeugenstand zur Hand, er datiert auf den 1. April 2021. Aber selbst in dem Moment, als er den Bauchumfang und das Gewicht der Tochter auf Papier festhielt (89 Zentimeter, 62 Kilogramm), sei er nicht stutzig geworden: »Ich habe nie und nimmer an eine Schwangerschaft gedacht.«

Vater, Mutter und Tochter hatten sich im Anschluss an die

Wiege-Aktion noch am selben Tag zu einer körperlich anstrengenden Wanderung aufgemacht. Da war Kim bereits im neunten Monat, ließ sich aber nichts anmerken. Auf Nachfrage des Gerichts, ob er das viele Blut im Zimmer der Tochter vielleicht doch mit einer Geburt in Verbindung gebracht habe, antwortet der Vater mit Bestimmtheit: »Niemals wäre mir der Gedanke gekommen, dass in dem Zimmer ein Kind geboren worden ist.« Er habe vielmehr geglaubt, die Tochter habe »extreme Probleme mit der Periode«. Der Vater gibt sich eine Mitverantwortung an dem tragischen Geschehen: »Ich habe sicher meinen Teil dazu beigetragen, dass es dazu gekommen ist.«

Gemeint ist damit seine mehr als kritische Haltung gegenüber den Freunden seiner Tochter. Sie waren ihm alle nicht gut genug. »Den will ich hier nicht mehr im Haus haben«, hatte es mehr als einmal geheißen. In der Familie habe er das Sagen, räumte der Vater im Zeugenstand ein. Zum Motiv hatte Kim im Prozess behauptet, auch aus Angst vor ihrem dominanten Vater, den »ich abgöttisch liebe«, so gehandelt zu haben. Wenn sie früher Mist gebaut habe, sei es von seiner Seite zu einer deutlichen Ansage gekommen. Der Mechaniker versicherte im Zeugenstand allerdings glaubhaft, dass er zwar alles andere als erfreut gewesen sei, »aber ich hätte zwei Tage lang gebrüllt, und am dritten Tag hätten wir drei uns zusammengesetzt und eine Lösung gefunden«. Und die Staatsanwältin ergänzte an die Adresse der Angeklagten: »Sie hätten nur einmal rufen müssen, und Ihre Eltern hätten geholfen.«

Das Neugeborene habe nach der Geburt geatmet, bis zur Tötung »wenige Minuten bis zu einer halben Stunde«, erläuterte eine Oberärztin der Kölner Rechtsmedizin das Obduktionsergebnis. Das Kind sei mit »51 Zentimetern und 2400 Gramm voll ausgereift und lebensfähig« gewesen. Bei der Untersuchung hatte die Medizinerin »stumpfe, scharfe und komprimierende Verletzungsmuster« festgestellt. Den Zuschauern im Saal wird während ihrer Aussage einiges abverlangt. Ein Raunen geht durch den Raum, nicht wenige wenden sich ab, als im Rahmen der Beweisaufnahme mehrere Fotos des toten Säuglings mit den deutlich sichtbaren Verletzungen großformatig an Leinwände projiziert werden.

Früher traten Prozessbeteiligte nah an den Richtertisch, um sich von Akteninhalten einen persönlichen Eindruck zu verschaffen. Seit der Pandemie gilt auch hier der Sicherheitsabstand. Blutige Verletzungen am »Kopf, den Wangen, am Kiefer, der Ober- und Unterlippe, der Schulter, an Brust- und Lendenwirbeln« führte die Rechtsmedizinerin auf »mindestens zwei Faustschläge« der Angeklagten zurück. »Es wurde deutlich draufgehauen, da hat es schon Kraft gebraucht«, sagte die Ärztin zur Häufigkeit und Heftigkeit der Schläge. Letztlich: »Die Schläge haben das Kind nicht umgebracht, vielmehr die Kombination aus Ersticken und Erdrosseln.«

»Ich schäme mich zutiefst, was ich uns allen angetan habe. Das kann man nicht verzeihen. Danke, dass Ihr für mich da seid«, schrieb Kim in einem Brief, der vom Gericht am vierten Verhandlungstag verlesen und den im Saal sitzenden Eltern ausgehändigt wird. Das Schreiben ist drei Seiten lang, klingt dann aber auch fröhlich, nahezu unbeschwert, als wähnte sich die Verfasserin auf einem Schulausflug oder in der Jugendherberge: »Hallo Mama, hallo Papa, danke für das Geld und die Klamotten. Gleich geh ich eine Stunde an die frische Luft und versuche, das schöne Wetter zu genießen. Und heute Nachmittag spiele ich mit den anderen Mädels Kicker.«

Es scheint, als hätte Kim hinter Gitter den Entschluss für sich gefasst, dass das Leben irgendwie weitergehen muss. Wo diese Unbeschwertheit herrührt, ein knappes halbes Jahr nach der Tötung des eigenen Kindes, auf diese Frage versuchen gleich zwei psychologische Sachverständige im Prozess eine Antwort zu geben. Psychologe Hans Jürgen Kunert spricht von einer »normgerechten, durchschnittlichen Intelligenz« der jungen Frau. Ihren IQ gibt er mit 100 an. Er war überrascht von »ihrer schnellen Auffassungsgabe«, immerhin habe Kim die rund tausend gestellten Fragen verschiedener standardisierter Persönlichkeitstests innerhalb von vier Stunden bearbeitet, »andere benötigen dafür mehrere Tage«.

Kunert stellte eine »leicht absurd optimistische, fröhliche Grundhaltung« der Angeklagten fest und sprach von einer »unauffälligen Verhaltensstruktur«. Hinsichtlich ihrer Person machte der Psychologe »deutliche Widersprüche« aus. Er spricht von einer »extrem ausgeprägten Aggressionsneigung einhergehend mit einer hohen Impulsintensität«. Im sozialen Miteinander bestimme sie gern, wo es langgehe: »Sie will ihre Interessen durchsetzen, und dazu ist sie auch bereit.« Auch sei Kim eine »leicht erregbare Person, die zu Unbeherrschtheit neigt«. Einerseits »realistisch, sachlich, nüchtern, aber dann auch wieder instabil und erlebnishungrig«. Soziale Werte und Normen seien nicht so ihr Ding.

Kunert attestierte der Angeklagten eine »paranoide, dissoziale Persönlichkeit« und nannte ein Beispiel: »Sie kann sich sehr sozial verhalten, aber dann auch sehr schnell umschalten, wenn ihr etwas nicht passt.« Kim sei »geprägt von einer dominanten Verhaltenstendenz und eine egozentrische Person, die sich selbst für wichtig hält. Sie kann und will ihren Willen durchsetzen«. Die genannten Persönlichkeitsaspekte seien lediglich Akzentuierungen und keine Persönlichkeitsstörungen von Krankheitswert, verneinte Kunert eine Einschränkung der

Schuldfähigkeit. Wie auch seine Kollegin Konstanze Jankowski, die ursprünglich eine Minderung der strafrechtlichen Verantwortlichkeit gesehen hatte. Die Beweisführung im Prozess habe jedoch dazu geführt, dass sie das Geschehen inzwischen »anders einstufe«. Sie hält Kim nun für uneingeschränkt schuldfähig.

Zum Thema Neonatizid nach einer verheimlichten Schwangerschaft, also die Tötung des Neugeborenen innerhalb der ersten vierundzwanzig Stunden nach der Entbindung, hat die emeritierte Bonner Professorin Anke Rohde, lange Leiterin der Gynäkologischen Psychosomatik an der Uniklinik Bonn, mit Kolleginnen in einer wissenschaftlichen Studie festgestellt: »Das Phänomen betrifft Frauen jeden Alters, Familienstandes und sozialen Hintergrunds.« Ein typisches Täterprofil? Fehlanzeige. Es kann jede Frau im gebärfähigen Alter sein. Die Täterinnen kommen aus allen Bildungs- und Gesellschaftsschichten. Es gibt Erstgebärende, Alleinerziehende, Studentinnen und Mütter mit mehreren Kindern. Einige leben alleine, andere noch bei ihren Eltern oder sind verheiratet. Einer kriminologischen Studie des Landeskriminalamtes Düsseldorf zufolge tötet in fünfzehn bis vierzig Fällen pro Jahr eine Mutter in Deutschland ihr Kind gleich nach der Geburt.

Es sind »ganz normale Frauen also, keine Kriminellen, keine Gewalttäterinnen«, hat die Fallanalytikerin des LKA Düsseldorf, Barbara Ernst, bei ihrer Analyse festgestellt: »Bei den Fällen, die ich untersucht habe, gab es nie einen Plan.« So hatte im Jahr 2005 eine zweiundzwanzigjährige gelernte Kinderpflegerin ihr Neugeborenes auf der Toilette eines Kölner Cafés in den Abfalleimer geworfen. Sie war mit ihren Freundinnen unterwegs gewesen und hatte den Mädels den zeitaufwendigen Toilettengang mit einer Magenverstimmung erklärt. Die alleinerziehende Mutter von zwei Söhnen galt als »kinderlieb« und plante eine Ausbildung zur Kindergärtnerin. Die Tat sei ihr »persönlichkeitsfremd« urteilten die Richter und schickten die Frau wegen »Totschlags in einem minderschweren Fall« für vier Jahre hinter Gitter.

Im November 2016 hatte eine sechsundzwanzigjährige Studentin nach der Rückkehr aus dem Gran-Canaria-Urlaub auf der Toilette des Köln-Bonner Flughafens einen »lebensfähigen Jungen« zur Welt gebracht, das Neugeborene in einen Beutel gestopft und ihrem ahnungslosen Freund übergeben, der vor der Tür auf sie gewartet hatte. Danach war sie kollabiert. Dem Notarzt gegenüber erklärte sie, das Kind – eine Totgeburt – im Urlaub in einem See versenkt zu haben. Der Freund, dem sie den Beutel übergeben hatte, versteckte die Leiche in seiner Wohnung unter dem Bett.

Die Studentin, die Jahre zuvor wiederholt rechtzeitig abgetrieben hatte, handelte nach Überzeugung des Gerichts vorsätzlich: »Sie wollte durch die Tötung ungeschoren davonkommen«, urteilten die Richter und verhängten eine vierjährige Haftstrafe, wenn gleich sie strafmildernd feststellten, die Tat sei »ihr wesensfremd und nicht geplant« gewesen.

Im Sommer 2005 fanden Ermittler in Brandenburg neun Babyleichen, einer der wohl erschütterndsten Fälle von Neonatizid: Die damals vierfache Mutter hatte zwischen 1988 und 1998 insgesamt sieben Mädchen und zwei Jungen in Blumentöpfen und Eimern vergraben und die Behältnisse auf den Balkon gestellt. Die Schwangerschaften hatte sie vor ihrem Mann verheimlicht, aus Angst, verlassen zu werden, und hatte zur Schnapsflasche gegriffen. Sie wurde wegen Totschlags zu fünfzehn Jahren Haft verurteilt.

In all diesen Fällen gab es nie einen Plan. »Die Frauen können nach außen extrovertiert und selbstbewusst wirken«, schreiben Rohde und ihre Kolleginnen in ihrer Studie, doch sie verfügten ebenfalls »über eine ausgeprägte Fähigkeit, unangenehme Dinge auszublenden, Probleme zu verleugnen und sich passiv zu verhalten«. In ihrem mangelnden Problembewusstsein verhüteten die Frauen oftmals nicht, frei nach dem Motto, es werde schon gut gehen. »Sie sind Verdrängungskünstlerinnen«, sagt Rohde. Deshalb gelinge es ihnen auch, die bevorstehende Geburt auszublenden. »Die Mehrheit zeigt Defizite in der Kommunikation, unzureichende Bewältigungsstrategien und vor allem die Tendenz, eigene Probleme und Schwierigkeiten zur Seite zu schieben«, so Rohde.

So gut wie nie seien Kriterien für eine Persönlichkeitsstörung erfüllt, die Mehrzahl nach außen eher unauffällig, teils unsicher-unreif, teils durchaus extrovertiert und selbstbewusst. Und sie fügt hinzu, dass der geschilderte Fall von Kim T. keine typische Neugeborenentötung sei – die Brutalität gegenüber dem Kind gehe deutlich über das hinaus, was Frauen üblicherweise tun würden, um das Kind am Schreien zu hindern.

In ihrem Plädoyer macht Oberstaatsanwältin Heymann daher auch keinen Hehl aus ihren Überlegungen, angesichts der »besonders brutalen Tatausführung« zunächst an das Mordmerkmal der »niederen Beweggründe« gedacht zu haben. Letztlich habe sie dies verworfen. Aber sie sagte auch zu der Angeklagten: »Sie haben sich gegen das Kind und nur für Ihre Interessen entschieden und die Katastrophe auf sich zukommen lassen.« Heymann attestierte der Angeklagten »erschreckenden Vernichtungswillen« und »große Gefühlskälte« und fordert für den Totschlag acht Jahre und sechs Monate Freiheitsstrafe.

Im Gegensatz zur Verteidigung, die vielmehr von einem »minderschweren Fall« ausgeht, weil ihre Mandantin »zu keinem Zeitpunkt in Tötungsabsicht gehandelt habe«. Deshalb sei eine Strafe »von unter fünf Jahren denkbar«. So sieht das auch das Gericht und schickt Kim nach sechs Verhandlungstagen am 26. Oktober für drei Jahre und neun Monate ins Gefängnis. Die Vorsitzende Richterin Sarah Weirich spricht von einem »minderschweren Fall« und begründet diesen mit der »außergewöhnlichen Belastungssituation«, in der sich die junge Mutter bei der Tat befunden habe.

Ungewöhnlich scharf kritisiert Weirich die staatsanwaltlichen Ausführungen im Plädoyer: Diese seien teilweise »irrelevant und Vermutungen ins Blaue hinein«. Die Tatsache, dass Kim während der Schwangerschaft Party machte, rauchte und trank, bewertet die Kammer als »leichtfertigen Umgang«, keineswegs jedoch als »verwerfliche Einstellung«. Dazu zitiert Weirich Feststellungen des Bundesgerichtshofes: »Moralische Bewertungen haben bei der Strafzumessung nichts zu suchen.«

Führt sich Kim hinter Gittern gut, könnte sie in den Genuss der Zwei-Drittel-Regelung kommen und nach Anrechnung der sechsmonatigen Untersuchungshaft Ende 2023 aus dem Gefängnis entlassen werden. Die Chancen dafür stehen gut. Die Kölner Staatsanwaltschaft hatte zwar sofort nach der Urteilsverkündung beim Bundesgerichtshof Rechtsmittel eingelegt, dann aber einen Rückzieher gemacht. Offensichtlich hatte sich die Behörde nach Rücksprache mit der nächsthöheren Instanz nicht allzu gute Karten für eine erfolgreiche Revision versprochen.

# EIN STÜCK MÜLL

Annas Todeskampf dauerte drei Tage. Die Mutter ließ die schwer verletzte Zweijährige allein in ihrem Kinderzimmer, kümmerte sich nicht weiter um ihre Tochter. Um ein Sexualdelikt vorzutäuschen, entkleidete sie das tote Kind und entsorgte die Leiche nachts mit ihrem Freund wie ein Stück Müll – sie warfen das tote Kind in eine Baumschonung. Rückblick auf eines der schlimmsten Verbrechen Kölns.

Drei Tage vor Heiligabend 2012 ist die Kölner Bevölkerung in Aufruhr. Die Polizei hat in sämtlichen lokalen Medien um Mithilfe gebeten. Vermisst wird seit dem späten Vormittag die zweijährige Anna. Ein Foto zeigt ein zierliches Mädchen mit wachem Blick, verschmitztem Lächeln und blonden Wuschellocken. Anna wird sofort zum Liebling in den sozialen Medien. Jeder will helfen, im Netz geht die Vermisstenmeldung viral. Zuletzt gesehen wurde die Zweijährige auf einem Spielplatz in Chorweiler, einem Kölner Vorort mit Brennpunkt-Charakter. Die zwanzigjährige Mutter Thea B. hatte die Tochter angeblich beim Spielen nur eine Minute aus den Augen gelassen, als sie verschwand.

Ein Reporter der Kölner Boulevardzeitung *Express* hält die Pressemitteilung mit dem Foto von Anna in der Hand, als er sich mit Kollegen in die Hochhaussiedlung begibt, die Nachbarn befragt und in einigen Mülltonnen wühlt. Er findet darin einen blutigen Stoffhasen, darunter ein paar Kinderstiefel mit lila Herzen – sie gehören Anna. Damit konfrontiert, bricht die Mutter noch am selben Tag nach stundenlangem Verhör in Tränen aus. Aus einer Zeugin wird eine Beschuldigte.

Thea B. gibt zu, gelogen zu haben. Die Aussage sei mit ihrem Lebensgefährten Patrick S. abgesprochen gewesen. Der vier Jahre ältere Mann, selbst Vater eines zweijährigen Sohnes, der bei der Ex lebt, habe Anna so heftig geschlagen, dass die Zweijährige nach dreitägigem Todeskampf ihren schweren Verletzungen erlegen sei. Die Tat geschah, während Thea B. einkaufen war. Schon zuvor hatte S. das Mädchen immer wieder aus nichtigem Anlass verprügelt. Anna wurde von ihm zum Essen gezwungen, auch wenn sie die zwangsweise eingeführten Lebensmittel erbrach. Und die Mutter schaute zu.

Das Paar hatte sich erst vier Monate vor der Tat kennengelernt. Anna war dem neuen Mann an der Seite ihrer Mutter von Anfang an ein Dorn im Auge – er war schlichtweg eifersüchtig auf das Kind. »Dreckspanz« hatte er die Kleine genannt und sie gequält, sooft er konnte. Seine sadistischen Züge ließ er in einem speziell für das Kind ausgedachten Psychospiel aus, das er »Verarsche« nannte. Im Beisein der Mutter musste Anna auf Kommando im Sekundentakt aufstehen und niederknien. Ging das zu langsam, flossen Tränen. Hielt Anna auch nur Blickkontakt zur Mutter, setzte es Schläge. Das Kind bebte vor Angst und gab keinen Mucks von sich. Schläge waren an der Tagesordnung ab dem Moment, als Patrick S. bei Thea B. eingezogen war.

Die Nachricht von Annas Tod und der grausamen Art, wie die Tat begangen wurde, lässt die »Volksseele kochen«, wie die Vorsitzende Richterin fünf Monate später im Prozess vor dem Kölner Landgericht die Hass-Mails kommentiert. Sie machen im Netz die Runde. Die Verteidigung hatte dem Gericht einen Aktenordner mit mehr als fünfhundert Hetzschriften aus dem Internet übergeben: Darin war von der Androhung von Höllenqualen bis zur Todesstrafe die Rede.

Als Thea B. am 17. Dezember 2012 einkaufen ging und die Tochter mit dem Freund allein in der Wohnung ließ, war die Gemütslage von Patrick S. deutlich angespannt. Dem mehrfach vorbestraften Lebensgefährten drohte ein Gefängnisaufenthalt, weil er eine Geldstrafe wegen Beleidigung nicht gezahlt hatte. Das anhaltende Gequengel der Kleinen habe seine Nerven derart überstrapaziert, dass er Anna mehrfach heftig ins Gesicht geschlagen habe, hieß es von Verteidigerseite als Erklärung. Dabei zog er so heftig an den Haaren des Kindes, dass die Kopfhaut abriss.

Als Thea B. vom Einkauf zurückkehrte, erkannte sie ihre Tochter beinahe nicht wieder, so sehr hatten die Schläge ins Gesicht das Kind verunstaltet. Sie legte Anna in ihr Kinderbett und packte ihr Kühltücher auf die Stirn. »Das wird schon wieder«, habe Patrick S. versichert und ihr verboten, einen Arzt zu rufen. Das Paar tat so, als wäre nichts gewesen, während Anna drei Tage in ihrem Kinderbett unter qualvollen Schmerzen vergeblich um ihr Leben kämpfte. Am Tattag sowie zwei Tage später stand zweimal die Polizei vor der Wohnungstür – auf der Suche nach Patrick S. zwecks Feststellung seiner Meldeanschrift, für den Fall, dass er die Haftstrafe nicht antreten würde. Dann wäre er in Begleitung von Polizeibeamten zwangsweise aus seiner Wohnung geholt worden. Die Beamten waren unverrichteter Dinge wieder abgezogen, das Paar hatte die Tür nicht aufgemacht, und es gab offensichtlich keine dienstliche Handhabe, sich mit Gewalt Zutritt zu verschaffen.

In der Nacht zum 21. Dezember klingelte der Wecker um drei Uhr. Die mitternächtliche Stunde war bewusst gewählt. Das Paar wollte bei der Entsorgung der Leiche unbeobachtet sein. Sie stopften das tote Kind in einen Plastiksack und packten den Beutel in einen Einkaufstrolley. Dann machten sich beide auf den Weg zu einem nahegelegenen Waldstück; sie entkleideten die Leiche, um einen sexuellen Missbrauch vorzutäuschen, packten das tote Kind an Armen und Beinen und warfen es mit Schwung in einen Baum. So ist es in der Anklageschrift dokumentiert.

Auf dem Heimweg holten sie sich an einer Tankstelle noch jeder eine Flasche Bier und tranken sie seelenruhig aus. Das zeigen Videoaufnahmen, die an der Tankstelle aufgezeichnet wurden. Patrick S. droht lebenslänglich, ihm wirft die Anklage wegen seiner sadistischen Vorgehensweise Mord vor. Thea B. muss sich wegen Totschlags durch Unterlassen verantworten. Sie hätte unverzüglich einen Arzt rufen müssen. Mediziner hatten dem Kind eine 80-prozentige Überlebenschance attestiert, wäre es rechtzeitig behandelt worden.

Beim Prozessauftakt ist der Andrang groß, doch die Öffentlichkeit wird schon nach einer knappen halben Stunde auf Antrag der Verteidigung ausgeschlossen. »Die Facebook-Eintragungen bedeuten für meinen Mandanten eine Gefahr der unzumutbaren öffentlichen Anprangerung«, begründete der Rechtsbeistand von Patrick S. seinen Antrag. Das Gericht gibt ihm statt. Im Prozess wird offensichtlich, dass Thea B. sich zumindest im medizinischen Sinn im Umgang mit der Tochter zunächst geradezu vorbildlich verhalten hatte. Sämtliche Vorsorgeuntersuchungen hielt sie seit der Geburt von Anna penibel ein. Das kleine Mädchen sei ein »pfiffiges Kind« gewesen, berichtete die Kinderärztin im Zeugenstand. Sie hatte Anna insgesamt sieben Mal untersucht, gemessen, gewogen. »Es gab nicht die geringsten Warnhinweise. Keine Verletzungen, gar nichts, alles war völlig unauffällig«, betonte die Kinderärztin.

Ein Oberarzt der Universitätskinderklinik hatte im Auftrag der Staatsanwaltschaft ein Gutachten erstellt und sprach darin von einem »qualvollen Todeskampf« von Anna: »Das Kind wird sehr gelitten haben.« Darüber hinaus wurde im Prozess ein folgenschweres Versehen der Polizei bekannt. Wegen häuslicher Gewalt war drei Wochen vor der Tat erstmals die Polizei in der Wohnung von Thea B. erschienen. Patrick S. hatte den Beamten mit blutverschmierten Händen die Tür geöffnet und nach Alkohol gerochen. Angeblich habe er sich beim Aufbau eines Schrankes verletzt. Die Wohnung hatten die Beamten als »vermüllt und verdreckt« wahrgenommen. Zu mitternächtlicher Zeit habe Anna auf dem Boden des Wohnzimmers gehockt und ein Butterbrot gegessen.

Die Beamten hatten – wie in solchen Fällen üblich – einen Vermerk geschrieben mit dem Hinweis, das Jugendamt solle über diesen Einsatz informiert werden. Doch der Vermerk kam beim Jugendamt nie an. Der dafür zuständige Polizeibeamte war im Urlaub und hatte sich später nicht mehr darum gekümmert.

Im Prozess wird deutlich, dass beide Angeklagten ihrem sozialen Brennpunkt-Milieu nie entkommen sind. Die Entwicklung von Patrick S. zeigte bereits von Jugend an dramatische Tendenzen. Als Grundschüler ging er mit dem Messer auf seine Mutter los, die den Jungen schon früh in ein Heim gab. S. griff früh zum Alkohol und wurde von seinen Kumpels wegen seiner Neigung zu Gewalt »Aggro« genannt. Wie auch Thea B. hatte er nie einen Beruf gelernt, schlug sich mit

Aushilfsjobs durch, lebte von Sozialhilfe. Ein Psychiater hatte Thea B. »kognitive Defizite« bescheinigt und in seinem Gutachten von einer »hochproblematischen Lebensgeschichte« gesprochen. Aufgewachsen mit einem gewaltbereiten Vater und einer schwerst alkoholkranken Mutter habe Thea B. »extreme Bindungssehnsüchte, deutliche Abhängigkeitstendenzen und eine erhebliche Hinnahme-Bereitschaft«. Schon früh habe sich die Zwanzigjährige in »dissoziative Verhaltensweisen geflüchtet und in Scheinwelten katapultiert, wenn die Realität nicht mehr auszuhalten war«. Beide Angeklagte wurden allerdings von den Sachverständigen als strafrechtlich voll verantwortlich für die Tat eingestuft.

Nach viermonatiger Verhandlung ergeht im Mai 2013 das Urteil. Patrick S. erhält wegen Totschlags eine zwölfjährige Haftstrafe, Thea B. muss nach Jugendrecht für sieben Jahre ins Gefängnis. Nach Überzeugung des Gerichts hat Patrick S. die kleine Anna getötet, »ohne Mörder zu sein«. Für die Annahme eines Mordmerkmals habe der Prozess keinen Hinweis geliefert, heißt es in der Urteilsbegründung. »Im Gesetz steht nun mal nicht, wer ein kleines Kind tötet, ist automatisch ein Mörder«, sagt die Vorsitzende. Nur dann, wenn Patrick S. sich bei der Tat »auf der sittlich niedrigsten Stufe« bewegt hätte, wäre das von der Anklagebehörde bejahte Mordmerkmal des »niedrigen Beweggrundes« erfüllt gewesen. Der Angeklagte habe das Kind nicht aus Freude am Quälen misshandelt, vielmehr sei die Situation »eskaliert«, so die Richterin. Warum Thea B. drei Tage im Nebenzimmer sitzen konnte, während ihr Kind sterbend im Bett lag, erklärte die Richterin mit der Persönlichkeitsstruktur der Angeklagten: »Sie hat von Kind an gelernt, sich bei unerklärlichen Situationen einfach in eine andere Welt zu begeben.«

Noch während der Urteilsbegründung kommt es im Gerichtssaal zum Tumult. Der ehemalige Lebensgefährte der Angeklagten, der Anna hat aufwachsen sehen, besteigt mithilfe seines Bruders die zwei Meter hohe Plexiglas-Trennwand im Zuschauerraum und springt rüber, um sich mit Gebrüll – »Dich mach ich fertig!« – auf den Angeklagten zu stürzen. Wachtmeister greifen noch rechtzeitig ein und eskortieren die Brüder aus dem Saal. »Ich bring ihn um, brech ihm das Genick«, wiederholt der junge Mann seine Vorwürfe auch Wochen später vor laufender Kamera und in sozialen Netzwerken. Er betonte immer wieder, wie sehr er von dem Gedanken besessen sei, Patrick S. den Tod zu wünschen. Daraufhin leitet die Kölner Staatsanwaltschaft ein Ermittlungsverfahren wegen versuchten Totschlags gegen ihn ein und lässt ihn gleichzeitig psychiatrisch begutachten. Der Sachverständige kommt jedoch zu anderen Erkenntnissen: Der Mann, der eine enge Verbindung zu der Zweijährigen hatte und sich als ihr Ersatzvater sah, habe seine Äußerungen als »Ausdruck von Protest« artikuliert und keinesfalls in Tötungsabsicht gehandelt. Das Verfahren wurde daraufhin eingestellt.

Während Patrick S. bis 2025 seine Haftstrafe absitzen muss, kam Thea B. im Dezember 2019 auf freien Fuß. Sie hatte ab Januar 2016 im offenen Vollzug einen Job als Lagerarbeiterin bekommen und ihre ehemals große Liebe wiedergetroffen: Im Juli 2017 kam hinter Gittern ein gemeinsamer Sohn zu Welt. Das Jugendamt nahm das Kind allerdings in Obhut und gab es in eine Pflegefamilie. Ein Sachverständiger hatte es für möglich gehalten, dass bei »einer entsprechend hochspezifischen Gefahrenkonstellation« bei Thea B. Wiederholungsgefahr drohe.

Das Schicksal von Anna bleibt der Kölner Bevölkerung auch zehn Jahre nach der Tat in Erinnerung. Immer am Jahrestag des furchtbaren Geschehens versammeln sich Menschen auf dem Pariser Platz in Chorweiler und stellen in stillem Gedenken an das kleine Mädchen brennende Kerzen auf.

# DAS VERSCHWUNDENE KIND

Ein Vater tötet seine dreijährige Tochter, vergräbt das tote Kind im Wald. Die Leiche wird nie gefunden, weil bei Bauarbeiten der Waldboden gehäckselt und das Erdreich abgetragen wird. Die ahnungslose Mutter wähnt die Tochter derweil in guten Händen – bei den Großeltern in Afrika.

Dem gläubigen Christen Thomas G. (33) war der Samstagvormittag heilig. Auf Bibel TV lief morgens ein Gottesdienst, begleitet von einem Gospelchor. Für Thomas G. stets ein ganz besonderes Erlebnis. Der Informatiker aus Ghana, aktuell Student der Wirtschaftswissenschaften an der Fernuniversität Hagen, wollte dann ungestört sein, rückte im Fernsehzimmer den Sessel in Position, schloss sämtliche Türen, bereit zur Meditation und zu innigem Gebet. »Ich wollte in Ruhe die Predigt hören«, erklärte er den Ermittlern später, warum er auf einmal so ausgerastet war.

Seine dreijährige Tochter hatten die Folgen seiner Wut an jenem verhängnisvollen Samstagmorgen im Oktober 2007 das Leben gekostet. Was damals geschah, wurde für die Kölner Kripo zwei Jahre später zu einer besonderen Herausforderung. »Es gab weder eine Leiche noch einen Tatort, aber die Indizien sprachen eindeutig für ein Tötungsdelikt«, erinnerte sich der damalige Leiter der Mordkommission »Ghana«, Jürgen Neuendorf. Weil die Beamten mit richterlichem Beschluss das

Telefon des Familienvaters abhörten, wurde eigens ein Sprachwissenschaftler des Goethe-Instituts aus Frankfurt nach Köln beordert. Denn im Gespräch mit Verwandten und Freunden in der ghanaischen Heimat sprach Thomas G. in der Muttersprache, noch dazu mit einem besonderen Dialekt.

Die Ehefrau hatte an jenem Samstagmorgen früh das Haus verlassen. Die gelernte Krankenschwester arbeitete in Teilzeit und betreute am Wochenende einen Wachkoma-Patienten. Es war nicht das erste Mal, dass sie Ehemann und Tochter allein zurückließ, doch diesmal war es ein Abschied für immer, ohne dass sie das ahnen konnte. Der Informatiker war froh, dass Tochter Leni in ihrem Zimmer spielte. Doch plötzlich war das Geschrei groß, Leni kam weinend ins Fernsehzimmer. Sie hatte in die Hose gemacht, bestand auf einer frischen Windel. Ihr Vater wurde wütend. Ohnehin war Thomas G. überzeugt, dass Leni viel zu lange noch eine Windel brauchte.

Die Erziehungsmethoden, die er am eigenen Leib in seiner Kindheit in Afrika schmerzhaft erfahren hatte, praktizierte er auch jetzt: »In meiner Heimat werden Kinder geschlagen. Ob im Elternhaus oder in der Schule – Züchtigung gehört nun mal dazu. Das ist völlig normal und an der Tagesordnung«, begründet Thomas G. seine Vorgehensweise gegenüber den Ermittlern, als er zwei Jahre später als Beschuldigter vernommen wird. Er habe Leni damals geohrfeigt und, weil sie sich beim Saubermachen heftig wehrte, auch mehrmals geschlagen. Die Situation eskalierte in der Badewanne unter der Dusche. Das zappelnde, weinende Kind hatte den Vater immer zorniger werden lassen, denn der Gottesdienst neigte sich bereits dem Ende entgegen.

Vergeblich versuchte Leni, den Schlägen des Vaters auszuweichen, sie drehte und duckte sich, rutschte dabei aus und schlug mit dem Kopf gegen die Badewannenarmatur, so diktierte Thomas G. den Ermittlern ein angebliches Unfallgeschehen ins Protokoll. »Das Kind hat entsetzlich geschrien«, erinnerten sich Nachbarn noch zwei Jahre später an den Lärm, der durch sämtliche Wände drang. Nach dem Aufprall sei Leni »wie benommen« gewesen, behauptete der Vater, und sie habe sich übergeben. Aber dann sei sie »auf einmal ganz ruhig und schläfrig gewesen«. Ihm war es nur recht. Er brachte die Tochter zurück in ihr Zimmer, legte sie ins Bett und setzte sich im Wohnzimmer erneut vor den Fernseher. Als der Gottesdienst zu Ende war, wollte er nach ihr sehen: »Sie lag mit aufgerissenen Augen im Bett – und atmete nicht mehr.«

Was dann geschah, bezeichnet Thomas G. 2009 im Prozess vor dem Kölner Landgericht in einer von seinen Anwälten verlesenen Erklärung als »den schwersten Fehler meines Lebens«. Er habe »in Panik gehandelt«, als er das tote Kind in einen Koffer legte und die Leiche in einem nahegelegenen Waldstück vergrub, denn er sei überzeugt gewesen: »Mir hätte doch eh keiner geglaubt.« Das einsame Waldgelände kannte er gut, auf dem Weg zu seiner Arbeitsstelle kam er dort täglich vorbei. Als seine Frau nach Hause kam, tischte er ihr eine Lügengeschichte auf, die für Außenstehende abenteuerlich klingt, aber offenbar überzeugte.

Ein guter Bekannter aus der afrikanischen Heimat habe plötzlich in der Tür gestanden, der Besuch sei nicht angekündigt gewesen. Weil das Ehepaar ohnehin geplant habe, Leni in naher Zukunft eine Zeit lang bei den Großeltern in Ghana aufwachsen zu lassen, weil sie die Enkelin noch nie gesehen hatten, sei die Gelegenheit günstig gewesen: Der Freund habe Leni bereitwillig mitgenommen und versprochen, sie wohlbehalten bei den Großeltern abzuliefern.

Die Krankenschwester glaubte ihrem Mann, ohne zu zögern, nachzufragen oder Zweifel anzumelden. Sie hatte ohnehin in der Ehe den passiven Part, war diejenige, die sich stets fügte, Misshandlungen erduldete, ihre Bedürfnisse hintanstellte. »Das war für sie keine Schocksituation, das hat sie geschluckt, es klang für sie plausibel«, erklärte Anwältin Edda Schneider-Ratz für ihre Mandantin im Prozess gegen Thomas G. Die Juristin vertrat die Mutter als Nebenklägerin. Die Frau habe damals die Hoffnung gehegt, dass sich nun alles zum Besseren wenden würde – in trauter Zweisamkeit sah sie die Chance für einen Neuanfang.

Allerdings war die Sehnsucht nach Leni groß. Monat für Monat versuchte Elena G. vergeblich, die Schwiegereltern telefonisch zu erreichen: Sie wollte wissen, wie es der Tochter gehe, wollte ihre Stimme hören. Für die erfolglosen Versuche hatte ihr Mann stets eine Erklärung: Mal war es ein Funkloch, dann das schlechte Telefonnetz in Ghana: »Da muss man schon auf einen Baum klettern und den genauen Zeitpunkt abwarten, um eine Verbindung zu bekommen.« Irgendwann hatte ihre Geduld ein Ende, überwogen Angst und Sorge um die Tochter ihre Gutgläubigkeit. Sie wollte nach Ghana fliegen, hatte die Flugtickets schon gebucht, als Thomas G. ihr eine weitere Mär auftischte: Leni lebe nicht mehr, die Tochter sei in Afrika an Malaria verstorben. Als Beweis legte er ihr Krankenhausunterlagen und eine Sterbeurkunde vor. Für die verzweifelte Mutter ein weiterer Tiefschlag. Aber diesmal blieb sie hart und ließ sich von ihrem Vorhaben nicht abbringen: Sie wollte am Grab ihrer Tochter trauern und sich dort persönlich von Leni verabschieden.

In Afrika führte Thomas G. sie zu einem Hügel, dem angeblichen Grab von Leni. Sie legte Blumen nieder und fotografierte die vermeintlich letzte Ruhestätte der Tochter, die von den Großeltern väterlicherseits auftragsgemäß in Szene gesetzt worden war. Dann ging sie zur Botschaft, legte Krankenakte und Sterbeurkunde von Leni vor, um die erforderlichen Papiere für die deutschen Behörden zu erhalten – und der eigentliche Albtraum begann: Die Dokumente waren gefälscht.

In Deutschland angekommen, führte ihr erster Weg zur Polizei: Dort zeigte sie ihren Mann wegen Kindesentziehung an. Inzwischen war sie erneut schwanger; sie brachte im November 2008 ihre zweite Tochter zur Welt. Kaum hatte die Kölner Kripo die Ermittlungen aufgenommen, stießen die Beamten auf die nächste Ungereimtheit: Leni hatte ihre Heimat nie verlassen, für ihre Einreise nach Ghana gab es keinerlei Unterlagen. Für die Ermittler lag der Verdacht nah, Thomas G. habe seine Tochter getötet und die Leiche verschwinden lassen. Aber wo? Bei der Wohnungsdurchsuchung stellten sie auf dem Computer des Familienvaters Fotos sicher, darauf Skizzen eines Waldgebietes, in unmittelbarer Nähe zum Wohnort der Familie. Mit Spürhunden suchten die Beamten im Unterholz des Waldes nach Lenis Leiche, denn sie waren überzeugt, dass ihr Vater sie dort vergraben hatte. Die Hunde schlugen an, die Leiche wurde jedoch nicht gefunden. Mit Bagger, Schaufel und schwerem Gerät rückten tags darauf Bauarbeiter an und drehten den Waldboden auf links – ohne Ergebnis. Immerhin fanden sie eine Spitzhacke und eine Schaufel. Die Spur führte zu Thomas, denn das Werkzeug kam aus einem Baumarkt, in dem der Familienvater als Stammkunde registriert war. In seiner Wohnung lag die Rechnung über das gekaufte Werkzeug fein säuberlich abgeheftet im Ordner.

Inzwischen hörten die Ermittler seine Telefongespräche in

die Heimat ab. Deren Inhalt war unmissverständlich: Er habe »erfolglos versucht, das Ding wieder auszugraben, die Grube war wohl nicht tief genug«, jammerte der Angeklagte seinem Bruder in der Heimat vor. Der Bruder solle ihm helfen, die Leiche in Ghana verschwinden zu lassen, in einem Grab, das seine Eltern bereits für ihn ausgeguckt hatten. Doch erst »muss ich dieses Ding finden und dann nach Hause schicken«. Per Schiff solle das Ganze geschehen, »als Paketfracht«, denn »anders als auf dem Luftwege wird auf diese Weise des Transportes der Koffer nicht durchleuchtet«. Und er schien guten Mutes zu sein: »Bitten wir Gott, dass er ein wenig behilflich sei, damit wir die Sache erfolgreich nach Hause verschiffen können.«

Weitere Ermittlungen ergaben: Erst wenige Monate zuvor hatte ein Energieversorgungsunternehmen in dem Waldstück Rohre für eine Gasleitung verlegt. Dafür war von einer Tiefbaufirma das komplette Erdreich mit schwerem Gerät gehäckselt und abgetragen worden. Die Leiche von Leni konnte also gar nicht mehr geborgen werden. Sie war für immer dem Erdboden gleichgemacht. Für die Ermittler stand nun fest: Thomas G. war für den Tod der Tochter verantwortlich, die Leiche hatte er im Wald entsorgt. Zumal sich seine Frau erinnerte, dass ihr Mann am Tattag mit einem leeren Koffer nach Hause gekommen sei und keine Erklärung dafür gehabt habe.

Der Familienvater wurde wegen dringenden Tatverdachts festgenommen und kam in Untersuchungshaft. Er hatte zwischenzeitlich versucht, sich nach Ghana abzusetzen. Schließlich wurde er wegen Totschlags angeklagt: »Das Kind musste sterben, weil es dem Vater lästig war und ihn nervte«, heißt es in der Anklageschrift zum Motiv. Im September 2009 wurde Thomas G. vor der 8. Großen Strafkammer des Kölner Landgerichts der Prozess gemacht. Am ersten Prozesstag gab der Familienvater zum ersten Mal zu, dass er seine Tochter auf dem Gewissen hatte, sprach allerdings von einem Unglücksfall. Leni sei in der Badewanne ausgerutscht und habe sich dabei tödliche Kopfverletzungen zugefügt. Er will nicht mehr und nicht weniger dazu sagen und verweigert darüber hinaus jegliche Aussage.

Seine Verteidigungsstrategie wird damit deutlich: Nicht Totschlag, nicht Körperverletzung mit Todesfolge, allenfalls unterlassene Hilfeleistung sehen seine Verteidiger als Straftatbestand erfüllt, wenn das Gericht der Unfallversion Glauben schenkt. Kein Wort über die Lügen, die er seiner Frau und später auch den Ermittlern auftischte. Überhaupt sitzt er während der sechstägigen Verhandlung zwischen seinen Verteidigern, als ginge das Ganze ihn nichts an. Keinerlei Gefühlsregung, den Blick gesenkt, kommt ihm kein Wort über die Lippen; er lässt seine Verteidiger sprechen, so ist es vereinbart.

Im Zeugenstand beschreibt die Ehefrau die Szenen ihrer Ehe. Immer wieder habe ihr Mann das Kind geschlagen, Züchtigungen für ein »adäquates Erziehungsmittel« gehalten und auch gegen sie selbst die Hand erhoben. Vorübergehend habe sie wegen der zunehmenden Misshandlungen mit der Tochter Zuflucht in einem Frauenhaus gesucht, sei dann aber zu ihm zurückgekehrt, obwohl ihr bewusst gewesen sei: »Wir waren ihm lästig.« Das habe sie schon nach der Geburt der Tochter festgestellt. Thomas G. habe das Kind »nie gewollt« und sie zur Abtreibung gedrängt. Aus Glaubensgründen habe sie sich dagegen entschieden.

Kennengelernt hatte sich das Paar im April 2003 auf einer Veranstaltung der freien christlichen Gemeinde in Pforzheim. Dort studierte Thomas G. an der Fachhochschule »Technische

Informatik«, begann dann aber im Wintersemester 2003/2004 an der Universität Duisburg ein zweites Informatik-Studium. Die damals zwanzigjährige Elena war noch in ihrer Ausbildung zur Krankenschwester. Bereits vier Monate später verlobten sie sich; knapp ein Jahr später – am 4. Juli 2004 – kam Leni zur Welt. Im September 2004 heiratete das Paar in Dänemark.

Leni wuchs die ersten beiden Jahre bei den Großeltern in Leipzig auf, damit Thomas und Elena zügig ihre Ausbildung abschließen konnten. »In der letzten Zeit hatten wir uns immer häufiger gestritten, wenn es um die Erziehung von Leni ging«, sagt die verhärmt wirkende Ehefrau im Zeugenstand aus und vermeidet dabei jeglichen Blickkontakt zu ihrem Mann. Schmal und blass sitzt sie da, äußerlich gefasst und sachlich nüchtern antwortet sie mit kaum vernehmbarer Stimme und verlässt nach nur wenigen Minuten den Saal. »Sie trägt den Schmerz nach innen«, beschreibt ihre Anwältin den Auftritt ihrer Mandantin. Erst unmittelbar vor der Verhandlung hatte Lenis Mutter von ihrer Anwältin erfahren, was mit ihrer Tochter geschehen war, denn Thomas G. war bis zum Prozessauftakt bei seiner Lüge geblieben.

Es sind nur wenige Fragen, die das Gericht ihr stellt. Angesichts des unfassbaren Leids, mit dem die Frau nun erneut konfrontiert wird, verzichtet die Kammer auf eine ausführliche Befragung. Warum sie die Tätlichkeiten gegen Leni und später auch gegen sich ertrug, erklärt sich Lenis Großmutter im Zeugenstand so: »Sie liebte ihren Thomas eben über alles.« Sie selbst habe dem Schwiegersohn geraten, ein Anti-Aggressionstraining zu absolvieren. »Ich habe ihm gesagt, er müsste doch eigentlich längst gelernt haben, dass man sein Kind nicht schlägt. Er hat es doch am eigenen Leib erfahren, wie schlimm das ist.« Wie genau Leni in der Wanne fiel, wo sie aufschlug und welche Verletzungen dabei entstanden, ist im Prozess die alles entscheidende Frage und wird von vier medizinischen Sachverständigen unterschiedlich bewertet.

War es ein Unfall oder ein Kapitalverbrechen? Für die Richter ist die Antwort auf diese Frage die »Nahtstelle dieses Verfahrens«. Die Gutachter geben keine übereinstimmende Antwort. Sibylle Banaschak, Oberärztin am Kölner Institut für Rechtsmedizin, hält einen Unglücksfall für »nahezu ausgeschlossen«. Die Fallhöhe sei nicht hoch genug für eine so schwerwiegende Verletzung, sagt die Rechtsmedizinerin im Zeugenstand. Ein Sturz aus dreißig Zentimeter Höhe, wie im Badezimmer nachgemessen, reiche »für eine schmerzhafte Beule, aber nicht für eine tödliche Verletzung«, verneint Banaschak die Unfallversion. Die Rechtsmedizinerin verweist auf mehrere Studien, die sich mit Stürzen von Kindern befassen. Verunglückte Kinder seien aus einer Höhe zu Fall gekommen, die »deutlich höher war als die zur Diskussion stehende – und kein Kind ist daran gestorben«.

Für die Verteidigung sind diese Ausführungen wenig überzeugend. Für sie enthält das Gutachten »gravierende methodische Mängel« und halte »nicht im Geringsten wissenschaftlichen Anforderungen stand«. Auch unterstellen sie der Rechtsmedizinerin in einem Befangenheitsantrag »fehlende Objektivität und Voreingenommenheit«. Sie habe sich auf »unzulässige Weise« vom »unbändigen Überführungswillens der Polizei« beeinflussen lassen. Bereits vor Erstellung des Gutachtens hatte die Polizei der Ärztin mitgeteilt, dass der Angeklagte seine Tochter »getötet und dann vergraben habe«. Die Gutachterin hatte mit diesem Hintergrundwissen die Unfallversion als »Vertuschung des wahren Geschehens« bezeichnet.

Der Leiter der Bonner Rechtsmedizin, Professor Burkhard Madea, ist Gutachter Nummer zwei, der vom Gericht beauftragt wird. Madea kommt zu dem gleichen Schluss wie seine Vorgängerin: Lenis Tod sei kein Unfall gewesen. Vielmehr habe Thomas G. seiner Tochter die tödlichen Verletzungen zugefügt. Der Rechtsmediziner untermauert seine These mit gleich mehreren Studien. In einer Abhandlung zum Thema »Stürze von Kindern und Jugendlichen in Badezimmern« waren 791 000 Fälle untersucht worden. Die häufigsten Verletzungen waren dabei Platzwunden, »in keinem Fall kam es zu einer lebensgefährlichen oder tödlichen Verletzung«.

Der Aussage des Angeklagten, Leni sei mit dem Kopf auf den Wasserhahn geknallt, auf dem Wannenboden aufgeschlagen und dann an den Kopfverletzungen gestorben, hält Madea entgegen: »Das passt einfach nicht.« Stürze mit Todesfolge seien erst ab einer Fallhöhe von 1,50 Metern wahrscheinlich. Leni hingegen sei höchstens 90 Zentimeter tief gefallen. Die Unfallversion nennt Madea »wenig plausibel«, sie sei deshalb auszuschließen. Der Rechtsmediziner aus Bonn schließt sich damit der Kölner Kollegin an.

Als Rechtsmedizinerin Nummer drei auf Antrag der Verteidigung in den Zeugenstand berufen wird, scheint sich das Blatt zugunsten des Angeklagten zu wenden. Andrea Schultes ist Ärztin im Düsseldorfer Gesundheitsministerium. Sie hält die Unfallversion für »denkbar« und bringt neurochirurgische Aspekte ins Spiel, die bisher kein Thema waren. Nach Aussage des Angeklagten war Leni mit der Schläfe auf die Armatur gestürzt. Gerade in diesem Bereich – so die Ärztin – sei bei einem Kind »der Knochen fast so dünn wie ein Blatt Papier und so groß wie eine Fingerkuppe«. Durchaus nachvollziehbar sei daher, dass Leni – obwohl äußerlich unverletzt – an einer durch den Aufprall gerissenen Hirnarterie gestorben sein könnte. Schultes schränkt allerdings ein: »Ein derartiger Fall ist mir noch nie vorgekommen und in der Literatur auch nicht bekannt.«

Es folgt Sachverständige Nummer vier. Martina Messing-Jünger ist Chefärztin der chirurgischen Abteilung des Kinderkrankenhauses St. Augustin. Die Professorin für Neurochirurgie gilt als Expertin auf diesem Gebiet. Sie sagt: »Die Fallhöhe ist keinesfalls alles entscheidend, vielmehr die Lokalität des Aufpralls.« Ihre Aussage belegt die Fachärztin mit einem Beispiel: »Je nachdem, wie ein Kind mit dem Kopf auf einen spitzen Legostein fällt, reicht das für eine tödliche Verletzung.« In ihrer Klinik seien ihr drei bis fünf Fälle pro Jahr bekannt, bei denen sich Kinder durch Stürze im Schläfenbereich schwer verletzten, allerdings sei kein einziger tödlich verlaufen. Die Ärztin verweist auf wissenschaftliche Literatur: Bei vergleichbaren Stürzen habe es einer amerikanischen Studie zufolge in den Staaten sehr wohl Todesfälle gegeben. »Es ist durchaus möglich, wenn auch nicht sehr wahrscheinlich, dass es ein Unfall war«, so das Fazit Messing-Jüngers.

Vier Monate nach Prozessbeginn scheint auf einmal ein Freispruch für Thomas G. in greifbare Nähe gerückt. Die unterschiedlichen Ansichten der Sachverständigen könnten ihn möglich machen. Während die Verteidigung auf Freispruch plädiert, bleibt Staatsanwalt Bastian Blaut jedoch bei seinem ursprünglichen Anklagevorwurf des Totschlags. Blaut bezeichnet die Unfallversion als »dreiste Schutzbehauptung, ein Märchen aus Tausendundeiner Nacht« wie bereits mehrere andere Darstellungen des Angeklagten, der seiner Frau bis heute eine »ehrliche Auskunft zum Tod von Leni verweigert hat«. Die Tat zeuge von »eisiger Gefühlskälte«, ein missliebiges Kind sei getötet und regelrecht weggeworfen worden. Blaut fordert eine zwölfjährige Haftstrafe, zumal Thomas G. strafrechtlich voll verantwortlich sei.

Und tatsächlich: »Lenis Tod war kein Unfall. Die Unglücksversion hat sich in der Beweisaufnahme nicht bestätigt«, urteilte das Gericht am 20. Februar 2010 und verhängt wegen Körperverletzung mit Todesfolge in einem minderschweren Fall eine dreijährige Freiheitsstrafe. In der Begründung heißt es allerdings: »Eine konkrete Todesursache konnte nicht geklärt werden, denn es fehlte die Leiche.«

Den von der Anklage angenommenen Totschlag verneinten die Richter: »Dazu fehlte es am Vorsatz. Es gibt keine überzeugenden Anhaltspunkte dafür, dass Thomas G. seine Tochter töten wollte.« Das von der Staatsanwaltschaft gezeichnete Bild eines »gewaltbereiten, brutalen Vaters« lasse sich nicht aufrechterhalten. Wörtlich heißt es im Urteil: Der Vater habe Leni aus »erzieherischen Gründen geschlagen, nicht um sie zu verletzen«. In diesem Zusammenhang sei strafmildernd der »kulturelle Hintergrund« des Afrikaners zu betrachten. Auch hätten sämtliche Zeugen wie Ärzte, Erzieher und Betreuer zu »keinem Zeitpunkt blaue Flecken oder Verletzungen« bei Leni festgestellt, vielmehr hätten sie immer wieder das »fürsorgliche Verhalten des Vaters« hervorgehoben.

Auch die Vorgehensweise, wie sich Thomas G. nach dem Tod des Kindes verhalten habe, sei »keineswegs ein Hinweis für einen Tötungsvorsatz, sondern vielmehr ein Zeichen schlechten Gewissens«. Die diversen Verschleierungsversuche seien die »konsequente Folge eines einmal eingeschlagenen Vertuschungsweges«.

Das Urteil hat keinen Bestand, der Bundesgerichtshof (BGH) hebt den Schuldspruch im Januar 2011 auf, da sowohl

Verteidigung wie Nebenklage und Staatsanwaltschaft Revision eingelegt hatten.

Im Juni 2011 wird neu verhandelt, jedoch geht es nur noch um das Strafmaß, denn lediglich das Rechtsmittel der Staatsanwaltschaft war erfolgreich. Der BGH hatte den von der ersten Instanz gesehenen »minderschweren Fall« verneint, der Voraussetzung für das milde Strafmaß war. Im zweiten Anlauf urteilen die Richter härter. Sie verhängen sechseinhalb Jahre, der Staatsanwalt hatte neun Jahre gefordert. Auch diesmal bleibt das Gericht unter der geforderten Strafe und nennt mildernde Umstände: Thomas G. sei Ersttäter und habe keine familiären Bindungen mehr. Seine Frau hatte sich nach dem ersten Prozess von ihm scheiden lassen und war mit der gemeinsamen Tochter in eine andere Stadt gezogen. Sie hat inzwischen wieder geheiratet.

Thomas G. wurde im Dezember 2012 nach zwei Dritteln der verhängten Haftstrafe in seine Heimat abgeschoben.

# FAULER HUND

Ein zweiundzwanzig Jahre alter Mann tötet im Frühjahr 2019 in Köln seine Großmutter und flieht mit ihrer Barschaft. Ein Raubmord? Nein. Der Prozess vor dem Kölner Landgericht offenbart einmal mehr, dass eine lieblose Kindheit Menschen verzweifeln – und sie zu Verbrechern werden lässt.

Er war fast noch ein Kind, als er zum Mörder wurde. Und er tötete den Menschen, der als Einziger zu ihm hielt. Margot L. wollte nur schnell noch etwas einkaufen, nebenan, beim Discounter um die Ecke. Die Seniorin stand schon mit Hut und Mantel im Flur, hatte die Einkaufstasche griffbereit und die Türklinke in der Hand, als der Enkel unbemerkt von hinten nahte. Maurice nahm die Neunundsiebzigjährige in den Schwitzkasten, bis sie bewusstlos zu Boden sank. Dann stach er mit einem Küchenmesser zu und floh mit 16 000 Euro auf dem Rad.

Gleich zwei Mordmerkmale waren damit erfüllt: Habgier und Heimtücke. Dem jungen Täter drohte eine lebenslange Haftstrafe. Doch im Prozess kam alles anders.

Maurice H. erinnert mit Mimik und Körpersprache an einen Schuljungen, der die Lehrer verzweifeln lässt. Er wirkt einsam, traurig, vernachlässigt – und alles andere als erwachsen. »Eiskalt, abgebrüht, gnadenlos« hingegen urteilte die Öffentlichkeit, als der Fall im Juni 2019 Schlagzeilen machte. Der junge Mann hatte wenige Tage vor seinem zweiundzwanzigsten Geburtstag seine Großmutter umgebracht und war mit der Beute nach München geflohen. Das Geld hatte die Großmutter in der Schlafzimmerschublade aufbewahrt.

Einen Tag nach dem Mord wurde H. festgenommen, nachdem die Polizei sein Handy geortet hatte. Die Tat gab er sofort zu. Er habe die Oma erst gewürgt, dann erstochen. Die Staatsanwaltschaft sprach von »Arg- und Wehrlosigkeit des Opfers« und klagte an: Mord aus Heimtücke. Die lebenslange Freiheitsstrafe als Konsequenz lag auf der Hand. Der Fall schien eins von vielen Kapitalverbrechen zu sein – bis zu dem Moment, als im Prozess die Lebens- und Leidensgeschichte des Angeklagten aufgerollt wurde und deutlich machte: Dieser Mord wäre nicht geschehen, hätten Familie, Behörden, Ärzte und Therapeuten ihre Arbeit gemacht. Der Meinung waren alle: Sachverständige, Anklagevertreter, Schwurgerichtskammer.

Als Maurice den Gerichtssaal betritt, fällt als Erstes auf, wie verstört und unsicher er wirkt. Ein Kindergesicht noch, mit feinen Gesichtszügen, nimmt er neben seinem Anwalt Platz. Er ist leichenblass, trägt Jeans und Sweatshirt, ganz in Schwarz. Gesenkter Kopf, der Blick im Nirgendwo. Seine Antworten sind kaum zu verstehen: bruchstückhaft, schüchtern, ganze Sätze scheinen unmöglich. »Wie war das, im Kindergarten, in der Schule? Warum gab es keine Freunde?«, fragt die Vorsitzende Richterin Sabine Kretzschmar und scheitert bereits in den Ansätzen. »Ich weiß es nicht«, antwortet H. immer wieder und schüttelt den Kopf, als verstünde er selber nicht, dass ihn die Erinnerung im Stich lässt.

Erst im Laufe des Prozesses wird deutlich, dass Maurice

sich nicht weigert, eine Antwort zu geben, sondern dass die Erinnerung an seine früheste Kindheit wie ausradiert scheint. Zu schmerzhaft war das Erlebte im Elternhaus. Dort hatten Kälte, Verachtung und Gewalt Priorität. Aus den Akten wird ersichtlich: Maurice war noch nicht auf der Welt, da war die Abneigung bereits spürbar. Vom Vater ungewollt, von der Mutter abgelehnt, wuchs der Junge in einer lieblosen Umgebung auf.

»Maurice war das Ergebnis einer flüchtigen Bekanntschaft«, sagt sein leiblicher Vater im Zeugenstand und verneint väterliche Gefühle. In diesem Moment wechselt bei Maurice die Gesichtsfarbe von blass zu Kalkweiß, und selbst die Prozessbeteiligten blicken betroffen. Der Kindsvater habe Maurice weder gemocht noch sich um ihn gekümmert, erinnern sich Verwandte. Geschenke? »Gab es keine. Nur als Baby hat er ihm ein Paket Windeln geschenkt«, sagt der Bruder des Vaters. »Ich gebe den beiden die Schuld. Nicht für die Tat, aber für den Weg dahin«, urteilt der Onkel über die Eltern des Angeklagten.

»Ich wollte kein Kind, aber es war zu spät für eine Abtreibung«, setzt der Kindsvater nach. Dennoch hielt der sechsundfünfzigjährige Arbeiter zumindest in den ersten Jahren losen, unverbindlichen Kontakt zu Maurice – allerdings nur seiner Mutter zuliebe, dem späteren Opfer. Die Großmutter besteht auf einem wöchentlichen »Oma-Tag«, schließlich ist Maurice ihr erster Enkel, sie ist stolz auf ihn. Auf ihr Drängen bringt der Sohn den Kleinen vorbei, manchmal darf Maurice dann auch beim Vater übernachten. Allerdings nicht in einem Bett oder auf dem Sofa: Der Junge muss in der Badewanne übernachten. Angeblich aus Platzmangel. »Er war mir von Anfang an lästig«, sagt der Vater. Als der Sohn sich zum Sonderling entwickelt, kaum redet, sich mehr und mehr zurückzieht, ist ihm der Junge nur noch fremd. Für den Kindsvater steht fest: »Der hatte doch einen Schaden!«

Maurice ist noch Grundschüler, da lernt seine Mutter einen neuen Mann kennen, heiratet, bekommt zwei weitere Kinder. Das Paar lebt beengt mit drei Kindern in einer Zwei-Zimmer-Wohnung. Maurice muss sich mit den jüngeren Brüdern ein Zimmer teilen. Die Mutter hat nur Augen für die Stiefgeschwister, der offensichtlich gewalttätige Stiefvater diktiert die Regeln, ihm ist Maurice ein Dorn im Auge, ein Störfaktor. Geht die Familie zum Einkauf, gibt es nur für die jüngeren Kinder Süßigkeiten, Maurice geht leer aus, so berichten es Verwandte. Gibt es im Kinderzimmer Streit, weil die Kleinen den Grundschüler bei den Hausaufgaben stören, ist der Stiefvater grundsätzlich auf der Seite der leiblichen Kinder, und Maurice bekommt – nicht nur verbal – die Konsequenzen zu spüren.

Er ist fünfzehn Jahre alt, als er weinend am Fenster der Erdgeschosswohnung steht, ein Schild in der Hand, darauf steht: »Bitte holt mich hier raus, ich halte es nicht mehr aus.« Nachbarn alarmieren die Behörden, Maurice kommt in eine Pflegefamilie. Die Mutter ist froh, ihn los zu sein. »Ich wurde von ihr immer links liegen gelassen«, formuliert Maurice vorsichtig fehlende mütterliche Fürsorge. Gegenüber dem Jugendamt gibt sich die Mutter besorgt. Maurice sei verhaltensauffällig, sie wisse nicht mehr weiter: »Er ist schlimm, macht mir das Leben zur Hölle«, behauptet sie. »Ich will ihn nicht mehr sehen.« Die Pflegefamilie sei die bessere Lösung für den Sohn. Letztlich scheint sie froh, den Erstgeborenen abschieben zu können, darüber sind sich alle Beteiligten einig, die mit der Mutter zu tun hatten.

Maurice entwickelt sich gut in der Ersatzfamilie. Die Pflegemutter berichtet im Zeugenstand nur Gutes. Er blüht auf, von Verhaltensauffälligkeiten ist keine Rede mehr. Doch die Unterbringung in der Ersatzfamilie ist auf wenige Monate befristet – aus Kostengründen, dem Jugendamt ist diese Lösung zu teuer. Die leibliche Mutter will Maurice auf keinen Fall zurück. »Sie muss ihn regelrecht gehasst haben«, sagt ein Psychiater, bei dem Maurice damals vorgestellt wurde.

Das Jugendamt bringt den Fünfzehnjährigen deshalb nahtlos in einer Wohngruppe für benachteiligte Jugendliche unter. Dort verlebt er die nächsten fünf Jahre. »Er war ängstlich, verschlossen, hat alles in sich hineingefressen«, beschreibt ein Betreuer den neuen Schützling. Und er sagt auch: »Er konnte sich überhaupt nicht auf seine Eltern verlassen. Die Mutter meldete sich jahrelang nicht.« Maurice entwickelt Zwangsstörungen, Sozialphobien, Panikattacken. Er lässt seine Fingernägel extrem wachsen, um Hautkontakt mit Dingen zu vermeiden, die man anfassen muss. Wäscht sich ununterbrochen die Hände. Verlässt sein Zimmer so gut wie nie. Bei den Betreuern erhärtet sich der Verdacht: »Wir waren uns ziemlich sicher, dass er von seinem Stiefvater körperlich misshandelt worden war.« Aber Maurice schweigt, will nicht darüber reden: »Da war zu viel Angst, Scham, Abwehr – er vertraute niemandem.«

Die Betreuer schalten einen Jugendpsychiater ein, es wird eine »autistische Störung« vermutet. Eine Diagnose ist abschließend nicht möglich, da »die Mutter keinerlei Kooperationsbereitschaft zeigt«. Als der Arzt der Mutter die Fragebögen zur Entwicklung ihres Kindes schickt, erfolgt keine Reaktion. Die Fragen bleiben unbeantwortet. Weitere Untersuchungen sprechen gegen Autismus, im Gegenteil: Jetzt wird Maurice als

»empathisch, humorvoll, hilfsbereit, freundlich« beschrieben. Ein anderer Therapeut macht einen Intelligenztest, kommt auf knapp 72 Punkte und damit auf einen »Grenzwert zu Schwachsinn«. Eine Fehldiagnose, wie sich im Prozess herausstellt. Da ist auf einmal von 120 IQ-Punkten die Rede. »Die Fähigkeiten von Maurice liegen deutlich über dem Durchschnitt«, sagt der neue Gutachter.

Ein dritter Therapeut kommt ins Boot, denn inzwischen äußert Maurice Suizidgedanken. Er hat sich in ein Mädchen in der Wohngruppe verliebt, stößt auf Ablehnung und hat laut darüber nachgedacht, sich in der Schweiz das Leben zu nehmen. Ein Psychiater spricht von einer »behandlungsbedürftigen emotionalen Störung«. Die Krankenkasse lehnt aus Kostengründen ab. Die Wohngruppe macht Druck, droht der Versicherung mit dem Szenario, das letztlich eintritt: »Muss denn erst etwas passieren, bevor therapeutische Hilfe bezahlt wird?« Schließlich wird die Therapie bewilligt, doch jetzt will Maurice nicht mehr. Er ist erwachsen und kann frei entscheiden.

Nach erfolgreichem Hauptschulabschluss hatte er – inzwischen zwanzig Jahre alt – eine Bäckerlehre begonnen. Doch er entwickelt weitere Zwangsstörungen, begleitet von Gefühlen der Angst, Scham und Depression. Er nimmt freiwillig zusätzliche Nachtschichten auf sich, um mit so wenig Menschen wie möglich in Kontakt zu kommen. »Er vermied jeglichen Kontakt zu Leuten, selbst auf dem Weg zur Arbeit, in der Bahn oder im Bus«, erinnert sich ein Betreuer, der vergeblich auf eine Wiederaufnahme der Therapie drängte. Maurice bezieht schließlich gegen den Rat der Betreuer eine eigene Wohnung, denn er ist inzwischen volljährig. Er steht kurz vor der erfolgreichen Abschlussprüfung seiner Bäckerlehre, will sein Leben in die eigene Hand nehmen – und scheitert auf allen Ebenen, denn seine seelischen Defizite sind übermächtig. Er geht nicht mehr zur Arbeit, kapselt sich immer weiter ab, verliert die Lehrstelle, ernährt sich nur noch von Nudeln und Tütensuppe, verliert die Wohnung, verwahrlost, wird obdachlos.

Sein Weg führt zur Großmutter, jenem Menschen, über den er später sagt: »Sie war die Einzige, die mich wirklich verstanden hat, die zu mir hielt.« Die Seniorin ist gerade ein Jahr verwitwet und froh, den Enkel bei sich zu haben, denn Platz ist genug in ihrem Haus. Das geht ein paar Wochen gut. Maurice hilft bei der Gartenarbeit, begleitet die alte Dame zum Einkauf und versteht nicht, warum sich die Oma um seine Zukunft sorgt. Dass der Enkel sich ansonsten stunden-, tage-, wochenlang auf dem Sofa im Wohnzimmer aufhält, mit dem Handy in der Hand, während ununterbrochen der Fernseher läuft, anstatt sich um Arbeit oder eine Lehrstelle zu bemühen, kann die Großmutter nicht nachvollziehen.

Sie ist in der Familie bekannt für eine resolute Sprache. »Fauler Hund«, beschimpft sie den Enkel wieder und wieder. »Die Oma war herzensgut und hat alles für einen getan. Aber sie konnte schon sehr verletzend in der Wortwahl sein«, sagt eine Cousine des Angeklagten über das Opfer aus. Die Seniorin will die Situation nicht länger hinnehmen, droht dem Enkel, ihm den Stuhl vor die Tür zu setzen, möglicherweise mithilfe der Polizei. Er soll endlich sein Leben in die Hand nehmen.

Damit schreibt sie sich ihr eigenes Todesurteil. Am Tattag beschimpft die Großmutter Maurice zum wiederholten Mal als »faulen Hund«, will ihn endgültig aus dem Haus haben: »Wenn ich wiederkomme, bist du nicht mehr da«, sind ihre letzten Worte, als sie sich zum Einkauf verabschiedet.

»Ich habe mich vor die Tür gestellt, wollte verhindern, dass sie geht«, sagt Maurice, als er die Tat gesteht. Blankes Entsetzen sei in dem Moment in ihm aufgestiegen und erneute Panik, mithilfe der Polizei auf die Straße gesetzt zu werden: »Ich wollte da nicht weg.« Er nimmt die Großmutter in den Schwitzkasten, bis sie ohnmächtig wird, läuft in die Küche, zieht ein Messer aus der Schublade. Ein- bis zweimal habe er zugestochen, sagt er. Rechtsmediziner haben bei der Obduktion insgesamt acht Einstiche mit einem 20 Zentimeter langen Messer gezählt.

»Mir ist klar, dass ich durch die Tat mein Leben verpfuscht habe, dass es vorbei ist«, erklärt Maurice über seinen Anwalt, der das schriftliche Geständnis verliest. Darin steht auch, dass sich Maurice in der Untersuchungshaft gut eingerichtet habe: »Draußen habe ich mich wertlos gefühlt. Manipuliert, missverstanden, verzweifelt«, sagt er. Hinter Gittern sei das anders: »Hier fühle ich mich wohler – wir haben alle eins gemeinsam – sind die Ausgestoßenen.«

»Das war ein Angst-Szenario«, sagt ein Psychiater auf die Frage, was am Tattag in Maurice vorgegangen sei. Die Androhung der Oma, ihn erneut obdachlos werden zu lassen, habe bei Maurice »eine Kette von Angst und Panik ausgelöst«, er habe sich »attackiert gefühlt und keinen anderen Ausweg mehr gesehen«.

Tiefe Trauer und große Freude: Für die Allermeisten sind derartige Gefühlsregungen eine Selbstverständlichkeit. Es gibt jedoch Menschen, die sind »gefühlsblind«, also nicht in der Lage, ihre Emotionen an sich heranzulassen, sie wahrzunehmen, zu benennen und zu verarbeiten. Sie leiden an Alexithymie, einer Persönlichkeitsstörung, die zwar keine Krankheit ist, sehr wohl aber schwere Krankheitssymptome mit sich bringen kann. Der Aachener Psychologe Hans Grunert hat Maurice im Auftrag des Gerichts untersucht und bei ihm diese Persönlichkeitsstörung diagnostiziert: »Er hat keinerlei Zugang zu seinen Gefühlen.« Dies sei Maurice von frühester Kindheit an verwehrt geblieben: »Er hat gelernt, niemanden an sich heranzulassen, weil sonst die Enttäuschung zu groß geworden wäre.« Und ebenso könne Maurice Gefühle von anderen »weder richtig einordnen noch verstehen oder nachvollziehen«.

Die von dem Angeklagten entwickelten Zwänge und Phobien und die selbst gewählte Isolation seien »klassische Folgen der Alexithymie«. Der Psychologe schloss eine »krankhafte seelische Störung« aus, jedoch sei mehr als wahrscheinlich, dass Maurice »ohne therapeutische Hilfe auf dem besten Weg dahin sei«. Grunert hatte Maurice mehrfach im Gefängnis besucht, in langen Gesprächen offenbar Vertrauen aufgebaut und Maurice zum Reden gebracht.

Als er dem Gericht seine Untersuchungsergebnisse präsentiert, weicht bei dem Angeklagten zum ersten Mal die Starre aus dem Gesicht. Maurice lächelt, als der Gutachter von der »überdurchschnittlichen Fähigkeit, soziale Belange einzuordnen«, spricht und von der »hohen, kognitiven Leistungsfähigkeit von 120 Intelligenzpunkten«.

Letztlich sind sich alle Prozessbeteiligten einschließlich der Staatsanwältin einig: »Eine Haftstrafe würde nur zu einer weiteren Destabilisierung und keiner positiven Entwicklung bei dem Angeklagten führen«, sagt die Vorsitzende im Urteil. Die Kammer schließt sich dem Antrag der Anklägerin an, Maurice in eine psychiatrische Klinik einzuweisen, und setzt einen Zeitraum von acht Jahren fest, ein Jahr weniger, als die Staatsanwältin gefordert hat. Das Gericht erkennt auf »heimtückischen Mord«. Aber schon im nächsten Satz nimmt die Vorsitzende die Schärfe aus der juristischen Formulierung: »Damit ist nicht besondere Arglist oder Hinterlist gemeint, sondern es geht darum, dass Sie das Opfer überrascht haben.«

Überhaupt wird im Urteil deutlich, dass die Kammer ihr Mitleid für den Angeklagten zum Ausdruck bringt, so schrecklich die Tat letztlich für das Opfer und die Angehörigen ist. »Es ist ein wirklich tragischer Fall und zeigt, wie wichtig es ist, Kindern eine liebevolle und zugewandte Erziehung zuteilwerden zu lassen«, sagt Kretzschmar und macht ebenso deutlich: »Wäre dies bei Maurice geschehen, wäre es nicht zu der Tat gekommen.«

Auch die Sachverständigen hatten zuvor keinen Zweifel daran gelassen, dass »die Vernachlässigung in der Herkunftsfamilie die Ursache für die schwere Persönlichkeitsstörung des Angeklagten darstellt«. Die Vorsitzende spricht von einer »Abwärts-Spirale«, in der sich Maurice vor der Tat befunden habe, ohne jedes Gefühl von Selbstwert. »In einer desolaten Lebenssituation«, nennt es Kretzschmar und findet es »bemerkenswert«, dass der junge Mann vor der Tat nie straffällig geworden sei.

»Ich bin eine Last für alle. Es ist egal, was mit meinem Leben passiert«, hatte Maurice am ersten Verhandlungstag ausgesagt. Dem widerspricht die Richterin in aller Deutlichkeit: »Ihr Leben ist nicht vorbei. Dafür sind Sie noch viel zu jung«, sagt Kretzschmar und verweist auf Reaktionen in der Öffentlichkeit.

Denn so besonders der Fall, so ungewöhnlich ist inzwischen die Veränderung der öffentlichen Meinung. Es gibt Hilfsangebote vieler Menschen, die der Fall betroffen gemacht hat. Eine Kölner Künstlerin hat einen Unterstützerkreis ins

Leben gerufen, sammelt Geld und Sachspenden für Maurice. Er hatte im Gefängnis begonnen, zu zeichnen, weil er sich immer einen kreativen, künstlerischen Beruf gewünscht habe. Die Künstlerin will ihm eine Staffelei zukommen lassen.

# TOTES SCHWEIN

Ein Sack abgetrennter Leichenteile am Kölner Rheinufer. Ein Jahr später ein skelettierter Schädel, der zu den Leichenteilen passt. Identität? Fehlanzeige. Erst eine aufwendige Spezialuntersuchung – eine Isotopenanalyse – bringt ein Jahr später die Ermittler auf die Spur eines der ungewöhnlichsten Verbrechensfälle in der Kölner Kriminalgeschichte.

Haiyang S. war kein angenehmer Zeitgenosse. Störrisch, meist übellaunig, rechthaberisch und immer kurz davor, zu explodieren. Ein Mensch, der eher einen Streit anzettelte, als ihm aus dem Weg zu gehen. Kollegen, Vorgesetzte, Bekannte – sie alle waren der gleichen Meinung. Gern rutschte dem achtundzwanzigjährigen Koch schon mal die Hand aus – wenn er sich ungerecht behandelt oder falsch verstanden fühlte. Am Arbeitsplatz ebenso wie im privaten Umfeld. Sogar gegen seinen alten Lehrmeister hatte Haiyang S. die Hand erhoben. Tao L. (72) hatte ihn in China zum Spezialitätenkoch ausgebildet und berichtete im Zeugenstand von Stockschlägen seines Zöglings. Aber musste Haiyang S. deshalb so einen grausamen Tod sterben?

»Wir dachten, da liegt ein totes Schwein«, beschrieben zwei Realschüler ihren Fund bei einem Ausflug am Rhein am Nachmittag des 13. Juli 2016 in Köln. So steht es in den Ermittlungsakten. Sie waren auf mehrere Mülltüten aufmerksam geworden, die fest verschnürt am Ufer lagen, noch halb im Wasser, von Fliegen übersät. Neugierig stocherten die Jungs an den Säcken herum, kehrten das Innerste nach außen. Zum Vorschein kamen ein halb verwester Torso und menschliche Knochen. Kopf, Arme und Beine fehlten. Laut Polizei wurde der Torso vermutlich angeschwemmt und hatte nicht länger als zwei Wochen im Wasser gelegen. Die Identifikation des Toten war deshalb schwierig. Rechtsmediziner notierten bei der Obduktion: »Penis, Hoden und schwarze Schambehaarung sind deutlich erkennbar.« In einem zweiten Müllsack lag die Bekleidung des Toten: ein roter Pullover mit »Adidas«-Aufschrift, graublaue Turnschuhe mit orangefarbenem Logo der Marke Nike. Und ein schmutziges Handtuch mit der Aufschrift »Winnie the Pooh?«. Daran haftete ein winziges Stück eines Fingernagels, das in dem offensichtlichen Verbrechensfall später als eines der entscheidenden Indizien den Täter überführen sollte.

Knapp ein Jahr später, am 12. Mai 2017, sind es wieder spielende Kinder, die in einem Waldstück in Köln-Vogelsang auf weitere Leichenteile stoßen. Die Realschüler waren Teilnehmer der Abenteurer-AG an ihrer Schule und von ihren Lehrern auf Exkursion geschickt worden: Auf der Suche nach »interessanten Gegenständen« hatten sie sich mit abgebrochenen Ästen und Stöcken bewaffnet und wühlten in Erdmulden und Gruben nach entsprechenden Fundstücken, die sie präsentieren konnten. Versteckt unter Laub, neben einem Baum, lag ein skelettierter Schädel neben Arm- und Beinknochen. Nach einem Vergleich mit der DNA-Datenbank war klar, zu wem die menschlichen Überreste gehörten: zu dem männlichen Torso, der ein Jahr zuvor am Rhein unterhalb des Axa-Hochhauses in Köln-Riehl angeschwemmt worden war.

Seit 2016 rätselten die Ermittler, wer der Tote sein könnte. Niemand schien den zwanzig- bis fünfunddreißig Jahre alten hellhäutigen Mann zu vermissen. Auch passten Kleidung und körperliche Merkmale zu keinem Vermisstenfall. Und die DNA des Mannes war in keiner polizeilichen Datenbank gespeichert. Erst knapp zwei Jahre später, im März 2018, gelang es den Ermittlern, der Identität des Toten auf die Spur zu kommen. Bei der Reproduktion des Schädels kamen Rechtsmediziner übereinstimmend zu der Ansicht: »Das Gesamterscheinungsbild spricht für einen asiatisch anmutenden Schädel.«

Der eigentliche Durchbruch, der zur Identität des gewaltsam ums Leben gekommenen Opfers führte, gelang den Ermittlern mithilfe der Münchener Rechtsmedizin. Eine molekularbiologische Untersuchung der Gutachter brachte den entscheidenden Hinweis. Mit einer Isotopenanalyse fanden sie heraus, wie lange und wo der Mann überall gelebt und wovon er sich hauptsächlich ernährt hatte. Knochen, Fasern und Organgewebe geben bei dieser Untersuchungsmethode Auskunft über die komplette Biografie des Toten. Anhand der aufgefundenen Leichenteile hatten Rechtsmediziner festgestellt, dass der unbekannte Tote sich von frühester Kindheit an äußerst pflanzenreich ernährt haben musste, so wie es im asiatischen Raum üblich ist. Erst in den letzten beiden Jahren – so die Expertise der Mediziner – hatte der Mann seine Ernährung komplett umgestellt. Das sprach für eine geografische Veränderung. Der Rückschluss, dass der Unbekannte aus Asien nach Europa umgesiedelt war, bestätigte sich mithilfe eines Abgleichs des Einwohnermeldeamtes und einer Datenbank, die weltweit Vermisste registriert. Die Eltern des Unbekannten hatten in China ihren Sohn bereits 2016 als vermisst gemeldet.

Es war Haiyang S., ein achtundzwanzigjähriger Familienvater aus Jilin, einer Provinz im Nordosten der Volksrepublik China. Er war zwei Jahre zuvor – so wie es die Rechtsmediziner in ihrer Analyse bereits vorausgesagt hatten – aus seiner Heimat nach Deutschland gekommen und arbeitete seit 2014 im Kölner China-Restaurant »Konfuzius«, wo er immer wieder mit Kollegen und Vorgesetzten aneinandergeriet und Streit angezettelt hatte. Mal waren ihm die Kollegen zu faul, mal arbeiteten sie nicht so, wie er es sich vorgestellt hatte. Zwei Kollegen kündigten wegen der Auseinandersetzungen, die stets in verbalen Beleidigungen ausuferten oder in Handgreiflichkeiten mündeten. »Mal drohte einer ihm mit dem Messer, ein anderer warf mit einer Wok-Pfanne nach ihm.« So schilderte die Restaurantbesitzerin der Polizei die hilflosen Versuche der Kollegen, sich gegen die Attacken des Hitzkopfes zu wehren.

Ein dritter Kollege, Jitao W. (37), wurde dem raubeinigen Opfer Haiyang nach Überzeugung der Ermittler zum tödlichen Verhängnis. Haiyang S. hatte seinen Kollegen W. – der sich ebenfalls »Spezialitätenkoch« nannte – immer wieder beschimpft, beleidigt und verprügelt. Oft vor den Augen der Kollegen. Es war demütigend für den introvertierten, eher zurückhaltenden Jitao W., der liebend gern den Auseinandersetzungen aus dem Weg ging, weil er ohnehin der Schwächere war und stets den Kürzeren zog. Die Ermittler waren sich sicher: Jitao W. hatte den Landsmann aus Rache getötet und – um seine Identität zu verschleiern – die Leiche zerstückelt, bevor er sie in Plastiksäcke steckte. Weil die Rechtsmediziner angesichts des Zustandes der Leiche von einem gewaltsamen Tod ausgingen, zur Todesursache allerdings nichts sagen konnten, wurde Jitao W. nicht wegen Mordes, sondern wegen Totschlags angeklagt.

Hauptbelastungsmerkmal war ein genetischer Fingerabdruck, der dem Angeklagten nach einer DNA-Untersuchung zugeordnet wurde. Ein winziges Fragment seines fein säuberlich abgeschnittenen Fingernagels haftete an dem Frotteehandtuch, das zusammen mit Unterwäsche, Sportschuhen und dem T-Shirt des Opfers in einem der Plastiksäcke lag. Täter und Opfer hatten sich nicht nur den Arbeitsplatz, sondern auch eine Wohnung über dem Restaurant geteilt, einschließlich dem Badezimmer: Dort hatte das Handtuch mit der aufgedruckten Zeichentrickfigur gehangen.

Als Jitao W. am 18. Oktober 2018 aus der Haft in den Schwurgerichtssaal 210 des Kölner Landgerichts vorgeführt wird, blickt er verstört und wirkt wie ein Fremdkörper: »Ich habe ihn nicht getötet«, hatte er bei seiner Verhaftung im Januar 2018 in Rosenheim den Polizisten gegenüber erklärt. In der oberbayerischen Stadt hatte W. seit Anfang 2017 in einem Chinarestaurant eine neue Anstellung gefunden.

Während W. mit scheinbar unbeteiligter Miene zuhört, verliest die Staatsanwältin die Details der Anklage: »Er tötete den Kollegen auf unbekannte Art und Weise. Dann zerstückelte er die Leiche, indem er mit verschiedenen Messern und Sägewerkzeugen Arme, Beine und den Kopf abtrennte.« Zum Prozessauftakt wird aber auch die Verteidigungsstrategie offensichtlich: »Ich werde meinen Mandanten begleiten, wenn er den Saal als freier Mann verlässt«, kündigt Rechtsanwalt Raphael Botor am ersten Verhandlungstag an. Jitao W. hatte er geraten, weder zur Person noch zur Sache auszusagen. Und so geschieht es auch.

Wie starb Haiyang S.? Und vor allem: Wo geschah das Verbrechen? Es gibt weder einen Hinweis auf den möglichen Tatort noch irgendeinen Nachweis zur Todesursache oder zur Tatwaffe, als die 5. Große Strafkammer unter Vorsitz von Peter Koerfers den Prozess eröffnet und nach der Anklageverlesung sogleich mit der Zeugenvernehmung beginnt, da der Angeklagte wie angekündigt schweigt. »Wie zerteilt man eine Peking-Ente?«, will Koerfers wissen. Wichtiger noch: »Sind dafür Spezialmesser erforderlich, womöglich mit einem wellenförmigen Schliff?« Die Fragen des Vorsitzenden Richters klingen nur auf den ersten Blick nach der Neugier eines Hobbykochs, der im Schwurgerichtssaal eine günstige Gelegenheit wahrnimmt, sich bei einem ausgewiesenen Fachmann zu informieren. In diesem Fall ist es eine Fachfrau, die als erste Zeugin im Saal Platz nimmt. Die Gastronomin Li S. (54, Name geändert), ehemalige Inhaberin des Kölner Restaurants »Konfuzius« und Ex-Chefin von Haiyang S. und Jitao W., antwortet eindeutig: »Nein, wir benötigen dafür keine besonderen Messer.« Und sie legt nach: Nein, auch eine Rotationsmaschine wie zum Schneiden von Brot, Fleisch oder Ähnlichem sei im Restaurant nicht üblich. Und noch einmal ein Nein: »Bei uns fehlte im Restaurant nichts damals, keine Messer, keine scharfen Gegenstände.« Ungefragt fügt die Gastronomin an: Eine Peking-Ente werde vor dem Zerteilen noch mit Essig und Honig eingerieben.

Es ist die schwierige Suche nach der Mordwaffe, die das Thema Schneidewerkzeuge zu einer der häufigsten Fragen im Prozess macht. »Es gab keine Spezialmesser, sondern einfache Küchenmesser, ohne besondere Klinge«, antworten Kellner, Köche, Spülkräfte und Küchenhelfer unisono im Zeugenstand. Und auch Mitarbeiter des Landeskriminalamtes, die an den Leichenteilen eine »werkzeugspurenkundliche Untersuchung« durchführten, können wenig Erhellendes zum Thema Tatwaffe beitragen. Der LKA-Mann hatte an Oberarm, Oberschenkel, Knie und Wirbelknochen diverse »Hieb- und Schnittspuren, die nicht exakt parallel verlaufen«, festgestellt. Nach seiner Analyse habe der Täter die Schnittspuren mit einer »dünnen, scharfen Klinge« ausgeführt. Möglich sei als Tatwerkzeug ein Brotmesser, sicher sei dies aber nicht. Ein »Freischneider«, wie man ihn üblicherweise als elektrisches Gartengerät kennt, könne für die »auffälligen Schnittspuren an den Extremitäten« infrage kommen, ergänzt der Sachverständige, aber wirklich festlegen will er sich auch hier nicht. Sicher ist er sich nur in einem Punkt, der aber auch nicht viel weiterführt: »Es können höchstens ein bis zwei Messer zum Einsatz gekommen sein.«

Erwartungsfroh hakt der Vorsitzende Richter nach: »Wie sie in der chinesischen Küche benutzt werden?« Die ernüchternde Antwort: »Das wäre reine Spekulation.«

Li S., die Gastronomin, bestätigt die aus Konkurrenz geborene Abneigung zwischen den beiden Köchen, die immer wieder in Handgreiflichkeiten ausartete. Deshalb habe sie Haiyang S. zum 31. Mai 2016 gekündigt, ihm allerdings für Dezember 2016 in ihrem zweiten Lokal eine neue Anstellung angeboten. Zuvor wollte sie mit ihm gemeinsam am 12. Juli 2016 auf Heimaturlaub reisen: »Er sah nicht gesund aus und sollte sich bei seiner Familie ausruhen, endlich mal ausspannen.« Doch S. kam nie in der Heimat an. Einen Tag nach dem Abflugtermin waren Teile seiner Leiche am Rhein angeschwemmt worden.

Das Opfer war dafür bekannt, oft schlechte Laune zu haben und dies an Kollegen auszulassen. »Zwei Köche hatten deswegen schon gekündigt«, erinnert sich Li S. Als die Chefin 2016 Jitao W. einstellte, dachte sie, die Situation bessere sich. Der Neue schien sich nicht so leicht aus der Ruhe bringen zu lassen: »Er war fleißig, verantwortungsbewusst, sehr auf Hygiene bedacht«, lobte S. den Angeklagten. Doch die Hoffnung, endlich Ruhe in der Küche zu haben, war trügerisch: »Sie stritten wegen jeder Kleinigkeit.« Haiyang S. habe den Kleinkrieg stets begonnen: »Er war ein schwieriger, komplizierter Charakter. Beschimpfungen waren an der Tagesordnung.«

»Welchen Inhalts?«, fragt der Richter. »Da war kein Inhalt drin. Es war wie im Kindergarten.« Dass sich Haiyang S. nie mehr bei ihr meldete und auch kommentarlos den gemeinsam geplanten Abflugtermin in die Heimat verstreichen ließ, obwohl sie ihm das Flugticket besorgt hatte, schien die Gastronomin nicht weiter zu beunruhigen: »Wir dachten alle, er würde heimlich schwarz in einem anderen Restaurant arbeiten.« Küchenhilfen, Kellner und Kollegen bestätigen die Eindrücke ihrer Chefin: »Es gab immer häufiger heftigen, von Haiyang S. angezettelten Streit«, sagt Lu S., der Bruder der Lokalchefin, und klärt das Gericht zuvor über Verhaltensweisen seiner Landsleute auf: »Für einen Chinesen ist es wichtig, das Gesicht zu wahren.«

Mit diesem Hinweis bestätigt er einen Eindruck, der sich an jedem Verhandlungstag immer mehr aufdrängt, wenn Zeugen mit chinesischer Abstammung befragt werden und offensichtlich längst nicht alles sagen, was sie wissen. In der Nacht, als Haiyang S. verschwand, habe S. ihn angerufen und von einer Prügelei mit Jitao W. berichtet: »Er lachte und sagte, dass er W. blutig geschlagen habe.« Die Auseinandersetzung zwischen den beiden Kampfhähnen hatte spätabends vor dem Restaurant auf offener Straße stattgefunden und war so heftig gewesen, dass Passanten Schlimmeres befürchteten und die Polizei alarmierten. »Das war keine normale Prügelei, sondern eine gefährliche, eine bedrohliche Situation«, schilderte eine zufällige Augenzeugin ihre Erinnerung: »Einer würgte den anderen.« Die fünfunddreißigjährige Zeugin sprach auch von einem Ungleichgewicht der Kampfhähne: »Einer hat geprügelt, der andere hat eingesteckt.« Der Korpulentere, gemeint war Jitao W., sei der Unterlegene gewesen, das spätere Opfer offensichtlich derjenige, der ausgeteilt habe: »Sie waren regelrecht ineinander verkeilt. Der Größere hat ordentlich eingesteckt, der Kleine saß auf ihm drauf und haute drauf.«

Als die Beamten erschienen, war schon wieder alles vorbei, sie trafen die streitenden Köche nicht mehr an. In der Nacht hatte Haiyang noch mit seiner Mutter in China telefoniert und ihr von den Schwierigkeiten mit Jitao W. berichtet: »Wenn mir mal was passiert, dann hat er damit zu tun«, soll er ihr gegenüber erklärt haben. Am nächsten Morgen traf Lu S. den verprügelten W. in der Küche mit geschwollenem Gesicht und lockerem Zahn an und wollte ihn zum Arzt fahren. Doch W. habe pflichtbewusst verneint: »Er wollte erst seine Arbeit erledigen und hatte Schmerztabletten eingenommen.« Auf die Frage nach dem Verbleib des Kontrahenten habe W. ihm glaubhaft versichert, Haiyang habe noch in der Nacht seine Koffer gepackt, stundenlang telefoniert und die Wohnung in den frühen Morgenstunden verlassen. Lu S. habe danach die Personalwohnung, wo jeder der Köche ein eigenes Zimmer hatte, kontrolliert und festgestellt:

»Er hatte seine Sachen gepackt. Alles war weg.«

Zeugin Nummer 51 ist weit gereist für den mehr als drei Monate dauernden Prozess. Gemeinsam mit ihrem Schwager hat sich Guixiang Y. (56) auf die Reise gemacht, um von China nach Deutschland zu kommen. Anreisen von einem anderen Kontinent mit mehreren Tagen Aufenthalt und entsprechenden Kosten sind eher die Ausnahme für Zeugen, die vor Gericht erscheinen müssen. Obwohl die Mutter des Opfers noch im September 2018 von den chinesischen Behörden im Rahmen eines Rechtshilfe-Ersuchens ausführlich vernommen worden war, hatte die Kammer in diesem Fall jedoch auf ein persönliches Erscheinen gepocht. Immerhin war die Bäuerin nach Aktenlage einer der letzten Menschen, mit denen Haiyang S. persönlich Kontakt gehabt hatte: per Video-Chat. »Wir haben jede Woche einmal telefoniert«, berichtet Y. über den regelmäßigen Kontakt zu ihrem Sohn.

Knapp 8000 Kilometer Luftlinie und elf Stunden Flugzeit hat die Bäuerin aus der Provinz Jilin im Nordosten der Volksrepublik China nach Köln hinter sich gebracht, um in Saal 210 laut wehklagend »Gerechtigkeit für meinen Sohn« zu fordern. Und das tut die kleine, zierliche Frau mit schmerzverzerrtem Gesicht und am ganzen Körper zitternd so heftig, dass ein halbes Dutzend Wachtmeister in den Saal gerufen wird, um die Situation in den Griff zu bekommen. Es gelingt ihnen nur mit Mühe: Der Schmerz, die Trauer, das Leid der Frau, die ihren Sohn auf so schreckliche Weise verloren hat, wird der Mutter durch die Gerichtsverhandlung noch einmal vor Augen geführt. Die Kraft, die es sie kostet, nun Rede und Antwort zu stehen, scheint übermenschlich. Der Sohn habe ihr stets versichert, wie gut es ihm in dem Familienbetrieb »Konfuzius« gehe, wo er nicht nur als Arbeitnehmer, sondern wie ein Familienmitglied behandelt werde, berichtet sie und schlägt immer wieder die Hände vors Gesicht, um die aufsteigenden Tränen zu verbergen. Auch die Streitereien mit Jitao W. seien Thema gewesen: »W. habe ihn an den Haaren gezogen und geschlagen.«

Chat-Protokolle ergaben, dass Haiyang S. in der Nacht,

bevor er für immer verschwand, noch mit der Mutter telefoniert hatte: »Wenn mir was passiert, merke dir den Namen von Jitao«, soll er gesagt haben. Und er habe hinzugefügt: »Aber allein schafft der das nicht. Merke dir auch den Namen vom Bruder der Chefin.«

Der Hinweis auf einen zweiten möglichen Täter ist neu im Prozess und bekommt zusätzliches Gewicht, als die Mutter von einem Telefonat mit Lu S. berichtet, dass sie nach dem 12. Juli, dem geplanten Termin der Heimreise ihres Sohnes, hilfesuchend im Restaurant anrief, um zu erfahren, was geschehen sei. »Sie werden ihn nicht finden und nie mehr sehen«, soll der Bruder der Restaurantchefin geantwortet haben. Für das Gericht und den Staatsanwalt sind diese Angaben nur Hinweise auf mögliche Spekulationen. Die Anklagebehörde ist jedenfalls nach mehr als dreimonatiger Verhandlung vom Nachweis des Totschlags überzeugt und will Jitao W. für neun Jahre und sechs Monate hinter Gitter sehen. Die gewalttätige Auseinandersetzung zwischen Täter und Opfer ist für den Staatsanwalt das Tatmotiv. Jitao W. habe nach dem Streit sowohl »die Zeit gehabt, die Tat zu begehen als auch Spuren zu verwischen und die Leiche zu beseitigen.« Aber der Ankläger fügt in seinem Plädoyer auch hinzu: »Theoretisch denkbar, aber höchst unwahrscheinlich wäre ein Szenario mit einem unbekannt gebliebenen dritten Täter.«

So gegensätzlich die Positionen der Prozessbeteiligten zu Anfang waren, so konträr ist ihre Schlussfolgerung. Anwalt Botor fordert einen Freispruch nach dem Grundsatz »im Zweifel für den Angeklagten« und kündigt für den Fall einer Verurteilung Revision an. Er wirft den Ermittlungsbehörden vor, zu wenigen Hinweisen zur Aufklärung des Falles nachgegangen zu sein, und sagt: »Reine Spekulationen lösen den Fall nicht.« So habe das Opfer in einem Jahr mehr als das Doppelte seines Netto-Jahreseinkommens seinen Eltern in die Heimat geschickt. Woher das Geld stamme – möglicherweise aus Drogengeschäften –, sei offengeblieben. (Dass Haiyang regelmäßig zur Opiumpfeife griff, war im Prozess nur am Rande thematisiert worden.) Zusätzlich zum Freispruch fordert Botor eine Haftentschädigung für die elfmonatige Untersuchungshaft.

Doch das Gericht erkennt auf Totschlag, wenn auch in einem »minderschweren Fall«. Jitao W. wird zu fünf Jahren und zehn Monaten Haft verurteilt, was deutlich unter dem geforderten Strafmaß der Anklage bleibt. Der Angeklagte sei vom späteren Opfer »zum Zorn gereizt und zur Tat hingerissen worden«, heißt es in der Begründung. Dass Jitao W. der Täter ist, dafür sieht die Kammer zahlreiche Indizien. Beispielsweise das »äußerst professionelle Zerteilen der Leiche«. Immerhin habe W. »sein Handwerk von der Pike auf gelernt – da war einer am Werk, der den Umgang mit Fleisch gewohnt ist. Dazu gehören Schulung und Wissen«, sagte der Richter. Ein weiteres Indiz: Der abgeschnittene Fingernagel, der am Handtuch haftete und Jitao W. zugeordnet wurde.

Auch die Tatsache, dass der Angeklagte die Fragen nach dem Verschwinden des Opfers in jener Nacht, als die Tat geschah, mit der Legende beantwortet habe, Haiyang S. habe sich in der Nacht davongemacht, um woanders schwarz zu arbeiten, wertete das Gericht als Überführungsmerkmal. Fest steht jedenfalls für die Kammer, dass ein weiterer Täter – beispielsweise ein Hilfskoch oder Personal aus dem »Konfuzius« – nicht infrage käme, und zwar aus einem einzigen Grund: »Sie hatten kein Motiv.« Bei Jitao W. hingegen läge das Motiv auf der Hand: »Er wurde immer wieder vom späteren Opfer misshandelt.«

Im November 2019 hob der Bundesgerichtshof das Kölner Urteil auf. Begründung: Der Angeklagte sei lediglich der Körperverletzung mit Todesfolge schuldig und müsse demnach milder bestraft werden. Für die obersten Richter war nicht eindeutig bewiesen, dass der Koch den Tod des Kollegen zwangsläufig in Kauf genommen habe. Es sei denkbar, dass er ihn nur habe verletzen wollen. So musste sich eine andere Strafkammer des Landgerichts erneut mit dem Fall beschäftigen, allerdings lediglich in Bezug auf das Strafmaß.

Im Februar 2020 kam es genauso: Jitao W. erhielt eine Freiheitsstrafe von vier Jahren und sechs Monaten wegen Körperverletzung mit Todesfolge. Die »manipulative Haltung des Opfers« wertete das Landgericht als Strafmilderungsgrund. Die Tatsache, dass W. die Leiche zerstückelte und auf diese Weise die Tat vertuschen wollte, zähle zum sogenannten Nach-Tatverhalten. Und das dürfe bei einer Beurteilung strafrechtlich nicht in die Waagschale geworfen werden, urteilte die Kammer.

Fünf Monate später kassieren die Obersten Richter erneut die Kölner Entscheidung zu Gunsten des Angeklagten. »Der Strafausspruch hält rechtlicher Nachprüfung nicht stand«, urteilt der BGH, die Wertung der Kölner Kollegen sei »nicht frei von Rechtsfehlern«. So habe das Gericht in der zweiten Instanz eine ganze Reihe von Strafmilderungsgründen genannt. Beispielsweise: keine strafrechtliche Vorbelastung, das unrühmliche Verhalten des stets provozierenden Tatopfers, die Haftempfindlichkeit des Angeklagten und die Tatsache, dass es sich nicht um eine geplante, sondern um eine spontane Tat gehandelt habe.

Gleichwohl sei eine Strafe verhängt worden, »die in der Mitte des Strafrahmens von bis zu zehn Jahren« angesiedelt sei, und dies, »obwohl keine Straf- und Erschwerungsgründe festgestellt werden konnten«. Mit anderen Worten: Jitao W. hat nun gute Chancen, erneut mit einem noch milderen Urteil rechnen zu können. Anwalt Botor ist stolz darauf, auch im zweiten Anlauf die Obersten Richter auf seiner Seite zu haben, obwohl er nach wie vor an die Unschuld seines Mandanten glaubt: »Er war es nicht, davon bin ich überzeugt.«

# HIGH HEELS

Eine Mutter erschlägt ihre zweijährige Tochter mit einem Stöckelschuh. Die Einunddreißigjährige ist psychisch krank, das Jugendamt war involviert.

Sie hatte ein Faible für High Heels. Ein Blick in den überfüllten Schuhschrank im Flur der Asylantenunterkunft genügte den Polizisten: Slingpumps, Stilettos, Sandaletten mit schwindelerregenden Absätzen. Verspielt mit Glasperlen, Federn, Glitzersteinen. Unzählige Schuhe, aus Lack und Leder, mit markanten Spangen, Schnallen und Ketten. Dann sahen die Beamten das Blut. Auf dem Boden, hinter dem Bett, am Türrahmen. Blutspritzer an der Wand, hoch bis zur Decke. Und, versteckt unter einem Haufen Kleider: ein blutverschmierter Stöckelschuh. Mehrere Milchzähne lagen auf dem Teppich verstreut, winzige Knochenteile auf Sofa und Sessellehne.

Taya A. hatte in jener Dezembernacht 2018 ihre gerade zwei Jahre alte Tochter Destiny erschlagen. Mit einem Stöckelschuh. Mindestens vierzig Mal traf die Mutter mit dem Absatz eines Slingpumps den Kopf der Zweijährigen. Das Gesicht des Kindes war bis zur Unkenntlichkeit entstellt. Dann trat sie auch noch zu. Die Rechtsmediziner sprachen nach der Obduktion von einem »zertrümmerten Mittelgesicht, einem abgerissenen Oberkiefer und sieben Impressionsbrüchen des Schädels«. Todesursache: offenes Schädelhirntrauma.

Taya A. betritt am 22. Juli 2019 Saal 27 des Kölner Landgerichts. Weiße Bluse, schwarzer Rock, schwarze Langhaar-Perücke, die Nase gepierct. Sie wirkt apathisch, gefühllos, wie nicht von dieser Welt. Die psychisch kranke Frau steht unter dem Einfluss von Beruhigungsmitteln und Psychopharmaka, reagiert verlangsamt und scheint komplett unbeteiligt, als die Verletzungen des Opfers zur Sprache kommen. Eine Kommunikation mit ihr ist nicht möglich.

Forensische Psychiater hatten der Kindsmutter schnell eine paranoide Schizophrenie attestiert. Sie habe im Zustand der Schuldunfähigkeit zugeschlagen. Wie in solchen Fällen üblich, klagte die Staatsanwaltschaft Taya A. daher nicht an, sondern eröffnete ein sogenanntes Sicherungsverfahren. Vor dem Kölner Landgericht soll in diesen Julitagen 2019 nun über ihre dauerhafte Unterbringung in einer psychiatrischen Einrichtung befunden werden.

Im Saal sitzt auch der Vater der toten Destiny. Direkt gegenüber von Taya A., keine zehn Meter entfernt. Er ist Nebenkläger in diesem Verfahren. Als sie ihn erkennt, sucht sie seinen Blick, jedoch vergeblich: Peter M. schaut immerfort zu Boden, während er versucht, die Fassung zu wahren. Er vermeidet jeglichen Kontakt zu der Frau, die ihm die Tochter genommen hat. Am dritten Verhandlungstag befragt die Kammer Peter M. Es ist nicht nur seine Exfreundin, der er die Schuld gibt. Was der Kindsvater hier ausführt, ist nichts weniger als eine Anklage gegen die Behörden. »Meine Tochter könnte noch leben, hätte das Jugendamt mir zugehört.«

Schon vor ihrer Schwangerschaft war Taya A. psychisch auffällig geworden. Mehrmals musste sie in die Psychiatrie eingewiesen werden. Das Jugendamt war von Anfang mit im Boot. Und bei der Behörde hätten sämtliche Alarmglocken angehen müssen, als sie die Akte der alleinerziehenden Asylantin auf den Tisch bekamen. Darin war die Kindsmutter in Stellungnahmen von Klinikärzten und Psychologen als alles andere als verantwortungsbewusst, psychisch auffällig, egozentrisch, sozial unreif und als Konsumentin von Cannabis beschrieben worden.

Die psychischen Auffälligkeiten seiner Exfreundin habe Peter M. zwar eher als »rücksichtsloses, egozentrisches Verhalten« abgetan. Er sei aber dennoch nicht müde geworden, sagt er, dies immer wieder dem Jugendamt vorzutragen. Und er habe dort auch den regen Cannabis-Konsum von Taya A. thematisiert. »Doch die haben nicht reagiert.« Die Rechtsanwältin Alexandra Wrobel, die den Vater vor Gericht vertritt, drückt es an diesem Tag so aus: »Dass es hier im Rahmen der amtlichen Betreuung eine Kommunikationslücke gab, ist offensichtlich.«

Hätte man die Katastrophe also kommen sehen müssen?

Destiny kam im November 2016 auf die Welt. Ein Jahr zuvor hatte sich ihre Mutter entschlossen, ihre nigerianische Heimat zu verlassen, weil sie sich dort nicht mehr wohlfühlte. Taya A. kam als Wirtschaftsflüchtling nach Europa. »Hier habe ich mir ein besseres Leben erhofft«, diktierte sie den Ermittlern ins Protokoll. In ihrer Heimat wuchs sie in gesicherten finanziellen Verhältnissen auf. Die Mutter arbeitete als Krankenschwester, der Vater als Autoverkäufer. Die Familie lebte in einem eigenen Haus, alle drei Geschwister hatten ein eigenes Zimmer.

Taya A. beendete mit sechzehn Jahren die Schule. Ihr Berufswunsch: Schauspielerin. Doch die Mutter schickte den Teenager zu einer Verwandten nach Lagos. Die Cousine hatte einen eigenen Friseursalon. Taya A. ging dort in die Lehre.

Mit neunzehn Jahren wurde sie schwanger, ihr Sohn Hassan kam 2007 zur Welt. Das Kind wuchs bei der Schwiegermutter auf, denn Taya A. wollte weiterhin arbeiten gehen. Die Ausbildung hatte sie erfolgreich beendet. Doch statt eines Gehaltes gab es bei der Cousine nur ein Taschengeld, wenn auch bei freier Kost und Logis. Taya A. reichte das nicht. Sie wollte nur noch weg.

»Irgendwann war ich Afrika leid, ich wollte ein anderes, ein besseres Leben«, sagte sie den Beamten. Ihrer Schwiegermutter nahm sie das Versprechen ab, gut für den Sohn zu sorgen, um sich dann, ohne zu zögern, auf den Weg nach Europa zu machen. Mithilfe von Schleusern kam sie über Libyen und Italien 2015 nach Köln. Auf der Flucht lernte sie Peter M. kennen. In einem Bordell. Er war dort Kunde, sie arbeitete als Prostituierte, um das Geld für die Flucht zusammenzubekommen. Sie überredete den gelernten Metallbauer, mit ihr den Weg nach Europa zu wagen. In Deutschland wurden die beiden für wenige Monate ein Paar, und Taya A. wurde prompt schwanger. Doch als Destiny geboren wurde, hatte sich Peter M. längst von ihr verabschiedet. Zu unterschiedlich waren die Vorstellungen von der Zukunft.

Dass die beiden nicht zusammenpassten, zeichnete sich früh ab. Taya A. war gerade in der neunten Woche schwanger, da rief Peter M. die Polizei. Seine Freundin hatte ihn mit einem Messer bedroht, weil sie sich alleingelassen fühlte – und sie hatte dann auch zugestochen. Sie war verliebt und wollte nicht wahrhaben, dass dieser Mann nur noch freundschaftliche Gefühle für sie hegte. Und dass er andere Frauen bevorzugte.

Es folgte ein erster Aufenthalt in der Psychiatrie. Die Ärzte schrieben eine »Akute Belastungsreaktion in der Schwangerschaft« ins Krankenblatt und behandelten Taya A. zwei Wochen in der geschlossenen Abteilung. Eine psychiatrische Weiterbehandlung sei nicht notwendig, heißt es in den Entlassungspapieren. Allerdings empfahlen die Mediziner »bei wiederholten Konflikten eine psychologische sowie sozialarbeiterische Unterstützung.« So steht es in den Ermittlungsakten.

Er habe vergeblich versucht, seine schwangere Freundin »auf den richtigen Weg zu bringen«, gab der Ex bei der Polizei zu Protokoll: »Sie sollte einen Deutschkurs besuchen, sich integrieren.« Er hatte inzwischen Arbeit gefunden, erfolgreich Deutschkurse an der Volkshochschule belegt, eine neue Freundin und eine eigene Wohnung. Schon während der Schwangerschaft habe er Taya A. deutlich zu verstehen gegeben, dass er mit ihr keine Zukunft als Paar sehe, für die Tochter jedoch Verantwortung übernehmen werde: »Ich bin der Vater und bin für das Kind immer da.« Die Vaterschaft hatte M. gleich nach der Geburt der Tochter bei den Behörden anerkannt. Dass er sich kümmerte, nicht nur finanziell, belegen dutzende Fotos, die der Vater auf seinem Handy speicherte: die Kleine mit dem Vater, beladen mit Einkaufstüten beim Shoppen. Destiny, schlafend im Park auf einer Decke. Das Mädchen, schmusend auf dem Schoß ihres Vaters, den Kopf zärtlich an seine Schulter gelehnt.

Der Säugling war gerade ein paar Tage alt, da wurde die Wöchnerin erneut psychisch auffällig. Auf einer Party von Bekannten erschien sie mit dem Baby auf dem Arm und stellte sich in der Dezemberkälte auf den Balkon, zog die schreiende Tochter nackt bis auf die Haut aus und warf Strampler und Windel in den Müll. Sie wütete, schrie, war völlig außer sich. »Ich habe das alles nicht gewollt!«, brüllte sie. Die Partygäste riefen die Polizei, die Beamten alarmierten den Notarzt, denn

Taya A. reagierte nicht auf Ansprache. Es folgte der zweite Aufenthalt in der Landesklinik.

Bei der Aufnahme ist die Patientin nicht ansprechbar. Sie führt Selbstgespräche, spuckt Ärzte und Krankenschwestern an. »Kritik- und Urteilsfähigkeit stark gemindert, ein geordnetes Gespräch nicht führbar«, heißt es im Anamnesebogen. Die Mediziner stellen eine »Postpartale Psychose« fest und nehmen Taya A. als Notfall auf. Das Jugendamt und der Sozialpsychiatrische Dienst werden informiert. Die Behörden geben den Säugling in eine Notfall-Pflege, die Patientin sei »nicht in der Lage, ihrer mütterlichen Fürsorge nachzukommen«. Laut Krankenblatt machte Destiny einen »stark unterversorgten Eindruck«. Doch als Taya A. ihre Tochter regelmäßig besuchte und ihre Medikamente nahm, galt sie den Ärzten als »psychisch stabil und zuverlässig«. Man führte Mutter und Kind langsam wieder zusammen, trotz eines weiteren, zweimonatigen Psychiatrieaufenthaltes.

Zunächst steht Taya A. unter Aufsicht. Mit Destiny zieht sie vorübergehend in eine Mutter-Kind-Einrichtung. Die Betreuung tut beiden gut, die Sozialarbeiterinnen beschreiben sie später vor Gericht als »liebevolle Mutter«, die »völlig unauffällig und integriert« sei. Im Juli 2017 beendet das Jugendamt die Kostenübernahme für die Heimunterbringung. Mutter und Kind ziehen nach Köln in eine Asylunterkunft. Die Behörde bewilligt eine vorübergehende Hilfsmaßnahme, sechs Stunden in der Woche kommt eine Betreuerin ins Haus, um nach dem Rechten zu sehen. Weil das anscheinend gut funktioniert, wird die Maßnahme nach vier Wochen beendet. »In der Annahme, dass sie bei Bedarf von sich aus Hilfe beansprucht, werden weitere Kontaktversuche eingestellt«, steht in der Jugendamtsakte. Wenn sie Hilfe benötige, müsse sie sich melden. Die Behörde ist der Ansicht, dass die immer wieder psychisch auffällige Mutter lernen könne, allein klarzukommen. Ein fataler Fehlschluss.

Denn die Hoffnung trügt. Taya A. konsumiert regelmäßig Cannabis, geht mit dem Kind nicht zu den vorgeschriebenen Vorsorge-Untersuchungen zum Kinderarzt. »Es ist schon verwunderlich, dass eine engmaschige Überwachung nur deshalb scheiterte, weil die Beschuldigte freiwillig nicht dazu bereit war«, kritisiert Alexandra Wrobel das Verhalten der Betreuungsstellen.

Im Juli 2018 wird Taya A.s Asylantrag abgelehnt. Ihr droht die Abschiebung. Die Sozialarbeiterin eines Jugendhilfe-Trägers, bei der sie gerade eine Therapie begonnen hat, bricht die Behandlung ab. Begründung: »Angesichts der Abschiebesituation können gemeinsam entwickelte Ziele nicht mehr verwirklicht werden.« Allerdings ist in den Akten ein Abschiebeverbot vermerkt. Denn Taya A. hatte angegeben, ihr Ehemann in der Heimat habe sie geschlagen und mit dem Tode bedroht. Sie fürchte bei einer Rückkehr um ihr Leben. Eine Behauptung, die sie zu diesem Zeitpunkt erstmals aufstellt. Zeitgleich will Taya A. von Peter M. ein zweites Kind. Sie denkt, damit habe sie bessere Chancen auf ein dauerhaftes Bleiberecht. Er lehnt ab.

Die Beziehung zu Destiny ist alles andere als innig und offenbar von den negativen Gefühlen überlagert, die Taya A. aus Enttäuschung gegenüber dem Kindsvater hegte, von dem sie sich verlassen fühlt. Zu diesem Schluss kommt die forensische Psychiaterin im Prozess. Sie spricht von einer »Bindungsstörung«. Die Sachverständige hatte der Kindsmutter bereits im Ermittlungsverfahren eine seltene Form der Psychose attestiert, die sich innerhalb kürzester Zeit entwickelt habe. Zur Tat habe sich Taya A. in einer »akuten schizophrenen Psychose« befunden. Erschwerend hinzu kämen Persönlichkeitsdefizite der Patientin wie »geringes Empathievermögen und geringes Verantwortungsgefühl«. Taya A. gilt als Gefahr für die Allgemeinheit. Nicht nur wegen »fehlender Krankheits- und Behandlungseinsicht«, sondern auch »aufgrund der bereits erwähnten Persönlichkeits- und Sozialisierungsdefizite sowie dem Cannabismissbrauch«, den die Gutachterin als »prognoseschärfend« einstuft.

Am Tag der Tat, dem 10. Dezember 2018, hatten Nachbarn aus der Flüchtlingsunterkunft die Polizei gerufen. Ihnen war das Verhalten der Mutter merkwürdig vorgekommen. »Sie schrie und sang und weinte, lauter unverständliches Zeug«, sagte ein Hausbewohner. Er hatte die Kindsmutter dabei beobachtet, wie sie vom Balkon aus Puppen, Kinderbekleidung und Schokolade warf, mit Parfum sprühte: »Sie brüllte wie von Sinnen. Ich habe die gellenden Schreie noch in den Ohren.« Als die Ermittler einige Stunden später die Leiche des Kindes am Boden fanden, lag ein Tuch über dem kleinen Kopf. Das Gesicht war bis zur Unkenntlichkeit entstellt, die Leichenstarre bereits eingetreten. »Ich bin die Königin, der Teufel hat sie getötet, sie ist tot«, schrie die Kindsmutter dem Notarzt entgegen.

Am Ende des Prozesses erklärt der Vorsitzende Richter: »Niemand konnte das Geschehen vorhersehen. Eine sich schnell entwickelnde Psychose endete in einer Katastrophe.« Taya A. habe das Unrecht der Tat aufgrund ihrer Krankheit nicht einsehen können. Und deshalb sei das Jugendamt auch nicht verantwortlich zu machen. »Es fällt einem schwer. Am Ende eines Strafverfahrens steht in der Regel einer, der verantwortlich ist. Hier kann man sich umschauen – und findet keinen.«

In einer Stellungnahme unterstreicht die Behörde, alles richtig gemacht zu haben: »Die nachträgliche Überprüfung des Fallverlaufs hat ergeben, dass die fallführenden Fachkräfte stets sachlich und fachlich angemessen gehandelt haben, bestehende Verfahren und Standards wurden nachprüfbar eingehalten.« Die jeweiligen Hilfsangebote für Taya A. seien »passend zur jeweiligen Bedarfssituation« eingesetzt worden. Und weiter: »Die Beendigung der Erziehungshilfe Ende April 2018 erfolgte mit Erreichung der Ziele und auf der Basis einer festgestellten liebevollen Beziehung zwischen Mutter und Kind.«

Und jetzt ist ein Kind tot.

# BANANENSHAKE

Als Teenager stets in Opposition, als Jugendliche eine Rebellin, als Erwachsene eine Aussteigerin, in der zweiten Hälfte ihres Lebens eine Mörderin: Die Mutter dreier Kinder lebte stets nach ihren eigenen Regeln, ein erweiterter Suizid schien ihr zuletzt als einziger Ausweg.

Drei Bananen und ein halber Liter Milch – Walter N. ist ein Gewohnheitstier, auch beim Frühstück. Vor Jahren konnte der Schwerbehinderte sich den Shake morgens noch eigenhändig zubereiten: Seit einem Unfall hilft ihm seine Schwester Ulla, zu sehr hatte der halbseitig gelähmte Vierundsechzigjährige körperlich abgebaut. Am 18. September 2021, einem Samstag, bereitet Ulla wie jeden Morgen das Frühstück. Doch diesmal schüttet sie das Pulver aus fünfzig Kapseln des Schmerzmittels Oxycodon in ein Glas und mischt das Opioid in das Fruchtgetränk.

»Bisschen bitter«, findet Walter, der nach Aussage der Schwester mit dem Suizid einverstanden ist, angeblich seit Jahren einen Todeswunsch hegt. Er trinkt das Glas leer. Danach setzt die Schwester den Bruder vor den Fernseher, schaltet *Bonanza* ein, seine Lieblingsserie. »Nach einer halben Stunde fielen ihm die Augen zu«, sagt Ulla N. später. Sie harrt bis kurz vor Mitternacht neben dem auf dem Sofa liegenden Sterbenden aus, deckt ihn mit einer Wolldecke zu, streichelt sein

Gesicht, bis sein Atem aussetzt. So schildert sie es später den Polizeibeamten.

Dann setzt sie sich an den Küchentisch, schreibt ihren Kindern Abschiedsbriefe, geht ein letztes Mal vor die Tür, verteilt die leeren Medikamentenschachteln im Viertel in verschiedene Mülleimer: »Niemand sollte wissen, was wir geschluckt haben. Wir wollten nicht gerettet werden.« Ihr Handeln gegenüber dem Bruder nennt Ulla N. »illegale Sterbehilfe«. Auch sie schluckt eine Überdosis, denn sie hatte dem Bruder versprochen: »Wir werden zusammen gehen.«

Ulla N. wird noch lebend gefunden, denn die Behinderten-Werkstatt, in der Walter N. vier Tage in der Woche arbeitet, hatte Alarm geschlagen, weil er montags unentschuldigt fehlte. Ulla N. kriecht den Polizisten an der Wohnungstür auf allen vieren entgegen, noch völlig benommen von dem fehlgeschlagenen Suizidversuch. Sie wird gerettet, gesteht die Tat noch am selben Tag, der mit einem Haftbefehl für sie endet.

Am 9. Mai 2022 beginnt vor der 11. Großen Strafkammer des Kölner Landgerichts der Prozess gegen die Mutter von drei erwachsenen Kindern. Die Staatsanwaltschaft hat sie wegen Mordes angeklagt, nennt Heimtücke als Mordmerkmal. Die Schwester habe die Arg- und Wehrlosigkeit des Bruders ausgenutzt. Nach Aussage eines Sachverständigen sei der seit einem Unfall hirngeschädigte Patient »ohnehin zu keiner freien Willensbildung mehr fähig gewesen«. Nach sechs Verhandlungstagen hat sich die Haltung der Anklägerin nicht verändert, sie bleibt bei Mord, fordert lebenslange Haft. Alles, was Ulla N. als Argumente für ihr Handeln vorbringt, ist für die Anklägerin »reine Schutzbehauptung«.

Doch der Fall ist komplexer, als es auf den ersten Blick scheint. Schon vor dem ersten Prozesstag hat Ulla N. auf achtzig eng beschriebenen Din-A-4-Seiten gegenüber dem Gericht ein Geständnis abgelegt: druckreif, in Interpunktion und Rechtschreibung fehlerfrei. »Chronik meines Lebens« ist das Papier überschrieben. »Ich bereue nichts«, nimmt sie darin das Ende der Beweisaufnahme vorweg.

In Hoodie und Jeans wirkt die zierliche Angeklagte auf den ersten Blick wie ein Teenager, doch die verhärmten Gesichtszüge und der verlorene Blick relativieren diesen Eindruck. Ihre Vita ist Beispiel für ein Leben, in dem nur die eigenen Regeln und Wertevorstellungen ihren Platz haben – ohne Rücksicht auf die anderen.

Nackte Haut war auf der Nonnenschule verpönt: Umso mehr provozierte Ulla N. als Teenager in den Sechzigern auf dem Gymnasium mit knappen Hotpants und tief ausgeschnittenen T-Shirts, schwänzte den Gottesdienst, gab Widerworte im Unterricht. Disziplinarmaßnahmen liefen ins Leere. Der Schulverweis ließ nicht lange auf sich warten, er war ohnehin beabsichtigt. »Ich war depressiv, wollte nur noch eins: raus hier und weg«, sagt sie über ihre Gefühlslage als Jugendliche. Sie wollte nicht zum »richtigen Mädchen« mutieren, wie es sich die Mutter so sehr vergebens wünschte. Mit siebzehn zieht es die Schulabbrecherin nach Paris.

Ihr Elternhaus: zu konservativ, beklemmend und alternativlos. Die Wohnverhältnisse: sechs Personen auf knapp 60 Quadratmetern. Der Vater: Maler und Anstreicher, der stolz darauf ist, »nicht einen einzigen Tag im Arbeitsleben krankgefeiert zu haben«. Die Mutter: Hausfrau, sie kümmerte sich um die Erziehung der Kinder, wünschte sich für die älteste Tochter »einen Job auf dem Büro«. Für Ulla N. »der reinste Horror« – sie wollte ein Leben nach eigenen Regeln.

Nur mit Walter, ihrem anderthalb Jahre älteren Bruder,

stimmte die Chemie. Mit den beiden jüngeren Geschwistern Andreas (geboren 1961) und Anita (geboren 1966) konnte die große Schwester nichts anfangen: »Ich habe mich vor Säuglingen geekelt. Die stinken, sabbern und schreien nur«, beschreibt N. ihre Abneigung gegenüber den beiden Geschwistern, die schon im Kindesalter begann. Das Schicksal von Walter sollte Jahrzehnte später ihren Lebensweg auf fatale Weise kreuzen.

Der große Bruder war schon immer das Sorgenkind unter den vier Geschwistern gewesen. Er kam als Frühchen zur Welt, war entwicklungsverzögert. Ulla N. hatte stets ein Auge auf ihn: »Wir haben als Kleinkinder schon im Laufstall zusammengesessen. Ich habe immer auf ihn aufgepasst.« Mit neunzehn gerät der gelernte Automechaniker 1976 mit seinem Motorrad auf die Gegenfahrbahn. Er liegt Monate im Koma. Den Helm hatte er seinem Beifahrer geliehen. Der kommt mit einem Schlüsselbeinbruch davon. Walter N. erleidet eine Schädelfraktur, irreversible Hirnschäden, das Sprachzentrum ist geschädigt. »Es ist besser, wenn er stirbt«, sagt der Vater. Doch nach jahrelanger Reha kämpft sich Walter N. in sein Leben zurück. Er ist halbseitig gelähmt, kognitiv beeinträchtigt, er muss wieder lernen zu sprechen, aber er kommt allein zurecht. Geistig ist er nun »maximal auf dem Stand eines Zweijährigen« sagen die Ärzte.

Walter N. fährt jetzt Fahrrad, ohne Helm. 2014 kommt es erneut zu einem Unfall, er stößt mit einem Lkw zusammen. Seitdem ist er Epileptiker. Er verwahrlost, in seiner Wohnung türmt sich Unrat, die Zwangsräumung droht. Seine Schwester wird als gesetzliche Betreuerin eingesetzt. Sie ist bereits seit 2012, nach einer Odyssee durch mehrere Kontinente, wieder zurück in Deutschland. In der Seine-Metropole hatte Ulla N. mit siebzehn Jahren eine Ausbildung zum Fotomodell absolviert, arbeitete erfolgreich als Mannequin. Ihr Typ schien gefragt: schmale Figur, zierliche Körpermaße, hüftlange Haare, ein unerschrockenes Auftreten. Auf Modemessen und mit Fotostrecken verdiente sie gutes Geld.

Doch die Abenteurerin wollte mehr. Mit neunzehn sprach sie nach zwei Jahren fließend Französisch und beantragte beim NRW-Kultusminister erfolgreich die Zulassung zum Abitur, kehrte ins Elternhaus zurück. Sie war dreiundzwanzig, als sie das Abitur im zweiten Anlauf schaffte und sich für einen Diplom-Studiengang in Biologie einschrieb: in Berlin – wieder weit weg vom Elternhaus. Aus dem Studium wurde nichts: N. wurde schwanger, die Tochter litt von Geburt an unter einer Atemwegsinfektion. Der Gedanke, ihr Kind in der stickigen Großstadt großzuziehen, war für Ulla N. unerträglich, denn die Tochter erkrankte an Meningitis. Die Mutter wollte für ihr Kind nur das Beste: am liebsten nach Australien, auf dem Wasserweg, mit einer Segeljacht: den Flieger zu nehmen war für die bereits damals engagierte Klimaschützerin ein »No-Go«. Sie kam nur bis Teneriffa, das Geld reichte nicht für die Reise auf den anderen Kontinent.

Die alleinerziehende Mutter schlug sich auf der Kanareninsel mit Übersetzungen durch, jobbte als Maklerin und bekam 1992 noch eine Tochter, zwei Jahre später einen Sohn. Dann packte sie wieder die Koffer, wechselte nach acht Jahren erneut das Land: Mit den drei Kindern – die verschiedenen Väter hatten eine Beziehung mit der selbstbewussten Partnerin nicht lange ausgehalten – zog es sie ins indische Auroville, ein vor mehr als fünfzig Jahren gegründetes Aussteigerprojekt. Grundeinkommen für alle, keine Hierarchien, Entscheidungen, die im Konsens gefällt werden – so lauten die Regeln der Gemeinschaft, in der Menschen aus allen Nationen ohne

Besitz, ohne Geld und ohne Regierung offensichtlich ein friedliches Miteinander lebten. Ein Dasein ganz im Sinne von Ulla N., die heute dazu sagt: »Ich habe dieses Experiment gewagt. War mit meinen Kindern in der Mitte von Nirgendwo angekommen.«

Zwölf Jahre später wird ihr Visum nicht mehr verlängert: Sie kehrt zurück nach Deutschland, zieht mit ihren Kindern in ihr altes Kinderzimmer der Eltern, eine andere Perspektive gibt es nicht. Die inzwischen erwachsenen Kinder hält es nicht lange in der ihnen fremden Umgebung, sie kehren zu ihren Vätern nach Spanien zurück. Ulla N. bleibt – richtet sich in ihrem alten Kinderzimmer ein, lebt von der Stütze. Da passt es ganz gut, das Bruder Walter nach seinem zweiten Unfall 2014 noch mehr auf Hilfe angewiesen ist und auch die betagten Eltern Unterstützung brauchen. Ulla N. übernimmt die Pflege der Eltern, der Vater stirbt nach schwerer Krankheit 2016, Bruder Walter lebt in einem Ein-Zimmer-Appartement und arbeitet in einer Behinderten-Werkstatt.

»Er wollte nicht mehr leben, war genervt, machte ständig unter sich, die Wohnung roch nach Kot«, erinnert sich Ulla an einen Besuch beim Bruder, der ihr entgegnet haben soll: »Ich sitze hier und warte auf den Tod.« Die Schwester herrscht ihn an: »Reiß dich zusammen, solange Mutti noch lebt, darfst du nicht einmal daran denken.« Sie zieht zu ihm. Die Küche des winzigen Appartements wird für die kommenden sieben Jahre ihr Lebensmittelpunkt: Zwischen Kühlschrank, Herd und Küchentisch schlägt Ulla N. ihr beengtes Lager auf, ein schmales Feldbett, denn »ich brauche nicht viel, bin genügsam«. Auf dem Küchentisch hat ihr Laptop Platz, ein paar Bücher stapeln sich auf dem Regal über dem Kühlschrank, eine Lampe.

Die Mutter stirbt 2019 an Demenz. Jetzt kann Ulla N., die

inzwischen die Betreuungsvollmacht für den Bruder hat, sich ganz auf Walter konzentrieren. Und sie geht diese Aufgabe generalstabsmäßig an. Walter, dessen Hirnschädigung ihn – wie im Prozess ein Gutachter bestätigt – fälschlicherweise »bequem und faul« erscheinen lässt, wird von der Schwester immer mehr drangsaliert. Sie schiebt ihm – nach eigener Aussage immer nur in bester Absicht – einen Küchenlöffel unters Kinn, damit er das Gleichgewicht besser hält, sie zwingt den halbseitig Gelähmten, die Treppe anstelle des Aufzugs zu nehmen, führt ihn stündlich zur Toilette, damit er nicht unter sich macht. Ihr Bestreben: »Ich wollte seinen geistigen und körperlichen Verfall so lange wie möglich hinauszögern.« Und sie packt auch schon mal heftiger zu, wenn der Bruder in einer depressiven Phase mit seinem Dreirad an der roten Ampel losfährt, »um mit einem Verkehrsunfall sein Leben zu beenden«. Walters Oberarme sind mit Hämatomen übersät. Anlass für die Behinderten-Werkstatt, eine mögliche Missbrauchstat anzuzeigen.

Im Herbst 2021 kommt es zu einer richterlichen Vernehmung von Walter, bei der er die Gewalttätigkeiten der Schwester relativiert, aber auch zugibt, von Ulla »immer mehr unter Druck gesetzt, gegängelt, drangsaliert, bevormundet zu werden«, erinnert sich die vernehmende Richterin an das Gespräch. »Er wollte in ein Pflegeheim, weg von der Schwester, hat sich darauf gefreut«, war der Eindruck der Juristin, die im Zeugenstand gehört wurde. Sie ergänzt: »Er wollte keinesfalls sterben, hat sich auf den beantragten Heimplatz gefreut.« Nach der Vernehmung entzieht die Richterin der Schwester die Betreuungsvollmacht, informiert das Pflegeheim, bringt alles auf den Weg.

Für Ulla N. eine Horrorvorstellung: »Das hätte ein jahrelanges, würdeloses Siechtum für meinen Bruder bedeutet«, sagt sie. Vergeblich hält sie der Juristin ihre »Eins-zu-Eins Pflege« entgegen, die sie leistet, vierundzwanzig Stunden an sieben Tagen in der Woche. Er brauchte nur mit der Glocke zu klingeln, dann stand sie parat. Begleitete ihn zur Toilette, wusch ihn, zog ihn an, bereitete die Mahlzeiten, organisierte Arzt- und Therapiebesuche, kümmerte sich um die behördlichen Dinge mit Krankenkassen und Ämtern. Sie ist dabei so erfolgreich, dass das monatliche Einkommen des Bruders von ursprünglich 900 Euro mit Erwerbsminderungs- und Unfallrente plus Pflegegeld und Arbeitslohn auf insgesamt 2800 Euro anwächst. Einen Teil davon nimmt sich die Schwester, die von Sozialhilfe lebt, obwohl es ihr rechtlich nicht zusteht. Ebenso die 39 000 Euro Lebensversicherung, die der Bruder ausgezahlt bekommt. Das Geld überweist sie ihren Kindern, den »legitimen Nachkommen in der Familie«. Lediglich dreimal pro Jahr gibt die Schwester den Bruder in eine Kurzzeit-Pflege und besucht ihre Kinder auf Teneriffa: Es ist der einzige Luxus, den sie sich leistet.

Den Bruder in ein Heim zu geben, lehnt sie kategorisch ab. Ein psychiatrischer Sachverständiger sieht in der aufopferungsvollen Pflege der Schwester »altruistische Motive«, bescheinigt ihr aber gleichzeitig volle Schuldfähigkeit. Die Angeklagte habe »wohlüberlegt und geplant« gehandelt. »Es lag zum Tatzeitpunkt kein Anzeichen für einen Todesgedanken bei ihm vor«, verneint der Psychiater die von der Schwester immer wieder ins Feld geführten Suizidgedanken – ihrem Hauptmotiv für die Tat.

»Es ist auch Liebe, wenn man einem Mensch Leid erspart«, hatte Ulla N. in ihrem Schlusswort versucht, die Tat zu rechtfertigen. Mit der Vorstellung einer lebenslangen Haft könne sie gut leben. »Es gibt Schlimmeres als Gefängnis.« Im Übrigen sei ihre Zelle doppelt so groß wie ihr Lebensraum im Ein-Zimmer-Appartement ihres Bruders. Außerdem: »Ich ziehe das Gefängnis einem Seniorenheim vor. Hier habe ich meine Ruhe, junge Leute verschiedener Nationen um mich, meine Bücher, Fernsehen und Radio. Was will ich mehr?«

Trotz des Mordmerkmals plädiert Verteidigerin Ulrike Tasic auf eine zeitnahe Haftstrafe. Ulla N. habe geglaubt, »zum Besten ihres Bruders gehandelt zu haben«, damit sei der Aspekt der feindlichen Gesinnung vom Tisch, die das Gesetz bei Heimtücke vorsehe.

Trotzdem wird Ulla N. nach sieben Verhandlungstagen wegen Mordes zu lebenslanger Haft verurteilt. »Sie haben Ihrem Bruder das Lebensrecht abgesprochen«, sagt die Vorsitzende Richterin Sabine Kretzschmar im Urteil. Darin ist zwar von »Aufopferung und Pflichtbewusstsein« der Angeklagten die Rede, aber Kretzschmar sagt auch: »Es herrschte stets ein rauer, fordernder, abwertender Ton, es war nie liebevoll.« Ulla N. sei immer nur nach ihren »höchst persönlichen Wertungen« vorgegangen und habe damit ihre Feindseligkeit ihrem Bruder gegenüber offenbart. Die Beweisaufnahme habe in keiner einzigen Aussage einen Todeswunsch von Walter N. belegt. »Es ging nur um Sie, Ihre Bewertung der Situation war leitend für Ihr Handeln«, sagt die Vorsitzende.

»Ich würde es wieder tun«, sagt Ulla N. nach dem Urteil und kündigt Revision an.

# ZU SPÄT

Jahrzehntelang terrorisiert ein psychisch Kranker sein Umfeld. Er legt sich mit Nachbarn und Betreuern an. Die Behörden wissen um die Gefährlichkeit des Mannes – und reagieren nur zögerlich. Auch Klinikärzte lassen ihn gehen. Dann geschieht ein Mord.

Clemens K. ist schlecht drauf. Sein Tag fing schon nicht gut an. »Ich war noch nicht fertig«, platzt er vor Prozessbeginn heraus. Die Richter schauen verdutzt. »Ich konnte nicht zu Ende frühstücken«, klärt K. die Schwurgerichtskammer auf, nicht einmal die morgendliche Tasse Kaffee sei ihm vergönnt gewesen. Er droht mit möglichen Konsequenzen und Verhandlungsunfähigkeit: »Ohne Kaffee sackt mein Blutzuckerspiegel ab, und ich kann dem Prozess nicht mehr folgen.« Sicherheitshalber fügt er noch an: »Das ist kein Querulantentum. Sondern mein gutes Recht als Prozessbeteiligter.« Kurzer Blicktausch hinter dem Richtertisch und die Kammer reagiert: K. darf sein Frühstück beenden, der Prozess verspätet sich um eine Viertelstunde.

Die Szene ist symptomatisch für den Prozess gegen den sechzigjährigen Beschuldigten, der am 3. Juli 2020 vor dem Kölner Landgericht in Saal 210 beginnt. Der Staatsanwalt spricht in der Antragsschrift von heimtückischem Mord und Mordversuch, begangen im Zustand der Schuldunfähigkeit.

Der Ankläger hält die dauerhafte Unterbringung in einer forensischen Klinik für erforderlich. Der Beschuldigte allerdings spricht von Notwehr und seinem Freiheitsdrang. Er gilt inzwischen als brandgefährlich, wird zur Verhandlung in Handfesseln vorgeführt. Im Prozess redet er viel und oft wirr, aber er hat auch immer wieder helle Momente, wie die Szene zum Prozessauftakt dokumentiert.

Am ersten Verhandlungstag gibt er sich kämpferisch. Kein Wegducken, keine Corona-Maske – Clemens K. will die Öffentlichkeit, stellt sich breitbeinig selbstbewusst den Kameras, und bereits die ersten Sätze machen seine Grunderkrankung deutlich: Er stellt einen Antrag auf Verfassungsbeschwerde, nennt den Prozess »nicht legitim«, verneint seine Schuldunfähigkeit: »Ich bin zurechnungsfähig.« Deshalb will er auch wegen Mordes angeklagt und bestraft werden mit der Konsequenz einer lebenslangen Haft. Er will ins Gefängnis, keinesfalls in die Psychiatrie. Überhaupt habe der ganze Ärger damit angefangen, dass die Behörden ihn unter Betreuung gestellt hätten: »Ich will das nicht, auch nicht zwangsweise.«

Er verkennt völlig, dass er schon seit Jahrzehnten nicht in der Lage ist, seine persönlichen Dinge eigenständig zu regeln. Mit Engelsgeduld hört die Vorsitzende Richterin Ulrike Grave-Herkenrath zu, wenn Clemens K. wie aus dem Nichts plötzlich abschweift, schwadroniert und sich in seiner wirren Gedankenwelt verfängt. Beispielsweise von seiner Erfindung erzählt, »eine Art Perpetuum mobile«, mit dem er dem Klimawandel begegnen will und sich Erfolgschancen ausmalt. Er schwärmt von einer neuen Spieltechnik für Sopranflöte, denkt an die Gründung einer rechtsgerichteten Partei, deren Vorsitz er übernehmen werde, und ist davon überzeugt, dass der Rest der Welt sich gegen ihn verschworen hat.

Im Dezember 2019 hatte er ohne Vorwarnung einen städtischen Bediensteten vor seiner Haustür mit einem Küchenmesser erstochen, der Stich hatte das Opfer mitten ins Herz getroffen. Nach demselben Modus Operandi hatte er acht Monate zuvor gehandelt und im März 2019 eine Mitarbeiterin des Gesundheitsamtes mit einem Schraubendreher angegriffen.

Im März wurde K. zum ersten Mal in die Psychiatrie eingewiesen und dort nach demselben Muster erneut straffällig: Er ging mit einem stumpfen Buttermesser auf eine Krankenschwester los, die gerade das Frühstück austeilte. Doch die Klinikärzte ließen ihn laufen, hielten den Patienten nach sechs Wochen Aufenthalt für »nicht mehr behandlungsfähig« – sahen aber auch keine weitere Gefahr. Dabei litt K. seit Jahrzehnten an einer Psychose, die sich chronifizierte. Das war den Behörden bekannt. Der Mann mit den kurzgeschorenen Haaren, dem tintenblauen Jogginganzug und der bulligen Figur terrorisierte seine Umgebung schon seit den Achtzigerjahren. Obwohl seine psychische Erkrankung schon früh erkannt wurde, galt er als harmloser Spinner, der die Gesellschaft zwang, seine Ausbrüche hinzunehmen. Nachbarn drohten schließlich mit Mietminderung, da er ihnen bereits seit Jahren mit lautem Gebrüll und Schlägen gegen die Heizkörper die Nachtruhe raubte, aus seiner verwahrlosten Wohnung unerträglicher Gestank drang und er weder dem Stromableser noch dem Schornsteinfeger die Tür öffnete. Sie schalteten einen Anwalt ein. Der schrieb im Oktober 1998 das Vormundschaftsgericht an. Darin wies der Jurist auf die offenkundige psychische Erkrankung und damit die Notwendigkeit einer Betreuung des Herrn K. hin.

In dem Schreiben kritisierte der Anwalt auch das Verhalten der Stadt: »Wir haben bisher vergeblich über die Stadt Köln versucht, hier Abhilfe zu schaffen. Dort schiebt man die Vorgänge nur hin und her und fühlt sich nicht verantwortlich oder gar zuständig.« Auch der Sozialpsychiatrische Dienst wurde eingeschaltet, winkte jedoch ab: »Nach den bisherigen Erfahrungen sehe ich keine Möglichkeit, weder unterstützend noch klärend tätig zu werden«, ist dem Schreiben in der Betreuungsakte zu entnehmen. Das lasche Verhalten der Verantwortlichen wird offensichtlich. Das Gericht beauftragt einen Gutachter, der lässt Clemens K. polizeilich vorführen, denn er verweigert jegliche Zusammenarbeit.

1999 wird er schließlich erstmals unter Betreuung gestellt – zumindest auf dem Papier. Die Betreuer treffen ihn so gut wie nie an. Entweder ist er nicht zu Hause, oder er öffnet weder die Tür noch die Briefe. Die Diagnose »schizophrene Psychose« macht es unmöglich, den psychisch auffälligen Mann in einer gemeinnützigen Werkstatt unterzubringen. K. wird zwangsgeräumt, kommt vorübergehend in einem Männerwohnheim unter. Doch sein querulatorisches Verhalten, sein impulsiver und störrischer Charakter – als Konsequenz seiner psychischen Erkrankung – machen ein Miteinander in Gemeinschaft unmöglich. Zudem verweigert K. jegliche Medikamenteneinnahme.

Im September 2000 bezieht K. in einem sozialen Brennpunkt in Köln-Höhenhaus eine Zwei-Zimmer-Wohnung. Die Miete zahlt das Amt, zum Leben erhält K. Sozialhilfe. Er weigert sich nach wie vor, mit Betreuern zusammenzuarbeiten. Daran ändert sich auch nichts, als das Amt ihm die Bezüge mangels Kooperation um zehn Prozent kürzt. Und er macht den amtlichen Helfern das Leben schwer. Einer nach dem andern wirft das Handtuch, weil der psychisch gestörte

Mann zu einer persönlichen Bedrohung wird. Mal greift er die Betreuer mit Steinen an oder schlägt zu. Einem Betreuer haut er die Faust ins Gesicht. Der Mann hatte ihm lediglich die Hand gereicht, wollte ihm zum Geburtstag gratulieren. K. jedoch sieht sich durch die freundliche Geste bedroht. Der nächste Betreuer will nur noch schriftlichen Kontakt zu ihm halten aus Angst um die eigene Gesundheit. So steht es in den Gerichtsakten. Bereits 2003 bittet ein Sozialarbeiter um seine Entlassung aus dem Betreuungsverhältnis und schreibt an das Vormundschaftsgericht: »Der Patient ist unberechenbar und ein Risiko. Er ist betreuungsunfähig, eine Zusammenarbeit nicht möglich.« Gleichzeitig informiert er auch die Polizei und das Gesundheitsamt. Die Warnung des langjährig erfahrenen Betreuers geht ins Leere, es wird ein Nachfolger eingesetzt.

K. lebt isoliert in seiner eigenen Welt und hat so gut wie keine Außenkontakte. Dafür treibt er regelmäßig Sport und verfügt über eine außerordentliche Kondition. Er joggt über lange Distanzen, schafft aus dem Stegreif einen perfekten Kopfstand. In all den Jahren wird K. noch zweimal gutachterlich von dem Kölner Psychiater Herbert Holzschneider untersucht – immer wieder sind mehrere Anläufe und eine polizeiliche Vorführung erforderlich, weil K. die Vorladungen des Vormundschaftsgerichts ignoriert. Im Verlauf von zwanzig Jahren stellt Holzschneider, der 1999 noch von einer harmlosen (»blanden«) »Psychose« ausging, fest: »Sein Wahnsystem hat sich verfestigt. Er wirkt verwahrlost, halluziniert, sein aggressives Verhalten nimmt zu.« Der Gutachter vermerkt in seinen Ausführungen ausdrücklich »die Notwendigkeit eines sehr erfahrenen Berufsbetreuers.« Von Fremdgefährdung ist keine Rede.

Derweil macht K. auch in seiner neuen Umgebung den

Nachbarn das Leben schwer. Schmiert Ketchup und Mayonnaise an deren Türklinken, spielt nachts laut Blockflöte, hält sich nicht an die Hausordnung, stößt andere die Treppe hinab. Weil die Nachbarn Druck machen, wird erneut ein Gutachten in Auftrag gegeben und eine polizeiliche Vorführung angeordnet. Im März 2019 steht Holzschneider in Begleitung einer Kollegin und zweier Polizisten vor der Haustür. Clemens K. öffnet, stürzt unvermittelt mit einem Schraubendreher auf die Mitarbeiterin des Gesundheitsamtes zu, sticht auf ihren Kopf ein. Weil die Frau reflexartig ihre lederne Arbeitsmappe schützend vor ihr Gesicht hält, kommt sie mit »Schnittverletzungen im Gesicht und Prellungen des Joch- und Nasenbeins« glimpflich davon. Ein Foto der beschädigten Mappe dokumentiert auf der Leinwand im Gerichtssaal die Wucht, mit der K. zugestochen hatte. »Das war kein legitimes Verhalten der Behörden, ich wollte nicht behelligt werden«, kommentiert K. im Saal den Angriff.

Ein Rechtsmediziner macht deutlich: »Stiche mit Werkzeugen dieser Art sind grundsätzlich lebensbedrohlich und können tödliche Verletzungen verursachen.« Deshalb wird dieser Fall von der Staatsanwaltschaft als versuchter Mord gewertet. Der Gutachter überweist K. am selben Tag, dem 6. März 2019, in die psychiatrische Klinik des Landschaftsverbands nach Köln-Merheim. Er sieht »dringenden Behandlungsbedarf, da der Patient krankheitsuneinsichtig« ist, und schreibt in seinem Gutachten: »Kritik- und Urteilsfähigkeit hochgradig reduziert, geprägt von Wahnideen«.

In der Klinik kommt es keine zwei Wochen später erneut zu einem Vorfall. »Ich wollte raus aus dem Ding, mir auf diese Weise den Schlüssel besorgen«, erklärt K. dem Gericht sein Motiv, als er mit einem stumpfen Buttermesser auf eine Krankenschwester losging. »Ich hatte Todesangst um meine Kollegin. Dachte, sie überlebt das nicht«, beschreibt der Pfleger, der per Notruf die Polizei alarmierte, später im Zeugenstand die Szene. Wie aus dem Nichts habe K. gehandelt, dabei »wahnhaft und bedrohlich« gewirkt: »Er hatte keine reale Wahrnehmung, sein Blick entsprach nicht der Realität.«

Nach dem Vorfall wird K. erstmals mit Psychopharmaka zwangsbehandelt und wegen seiner Gefährlichkeit auf der Station von den übrigen Patienten streng isoliert. Trotzdem wird er nach sechs Wochen in die Freiheit entlassen. Mit dem Hinweis, er sei »krankheits- und behandlungsuneinsichtig«. Obwohl zu diesem Zeitpunkt offensichtlich ist, dass K. von einem Moment zum anderen zu einer lebensbedrohlichen Gefahr werden kann. Acht Monate später wird Kurt B., der städtische Mitarbeiter, mit seinem Leben dafür bezahlen.

Bastian S. (29) hat gerade sein Studium der Sozialpädagogik abgeschlossen, als er bei der Arbeiterwohlfahrt sein Anerkennungsjahr als Betreuer begann. Clemens K. war im Oktober 2017 sein erster Fall. »Er lehnte die Betreuung ab, war grundsätzlich nicht erreichbar, ignorierte Termine«, beschrieb er K.s Verhalten. S. bekam seinen Klienten in der Folgezeit so gut wie nie zu Gesicht. Aber er war es, der Clemens K. in Empfang nahm, als er aus der Klinik entlassen wurde.

Dass K. trotz der augenfälligen Fremdgefährdung wieder in die Freiheit entlassen wurde, kommentierte der Betreuer im Zeugenstand mit einem Schulterzucken: »Was sollte ich denn machen? Ich bin kein Arzt. Mir blieb nichts anderes übrig, als die Entlassung in der Praxis so gut wie möglich umzusetzen.« Vorsichtshalber habe er den Fall K. damals noch telefonisch beim Sozialpsychiatrischen Dienst vorgestellt – und dort die Antwort erhalten: »Was sollen wir denn da noch machen, wenn er nicht behandlungswillig ist?« Warum die Klinikärzte in Merheim trotz der offensichtlichen schweren Vorfälle keine Fremdgefährdung sahen und Clemens K. auf freien Fuß ließen, darauf bleibt das Gericht eine Antwort schuldig. Die Ärzte konnten im Zeugenstand nicht vernommen werden: Clemens K. hat die Mediziner ausdrücklich nicht von der Schweigepflicht entbunden.

Am 13. Dezember 2019 will Kurt B., siebenundvierzig Jahre alt und erfahrener Vollstreckungsbeamter bei der Stadt Köln, gemeinsam mit seiner Kollegin Martina B. (58) von Clemens K. die Kosten für den Rettungseinsatz im März 2019 eintreiben: Die Rechnung über 387,50 Euro war Clemens K. bereits schriftlich zugestellt worden, der Besuch der Vollstreckungsbeamten angekündigt. Er hatte sie – wie bisher jegliches amtliche Schreiben – ignoriert. Die städtischen Mitarbeiter wissen nichts von den Vorfällen im März, als sie gegen zehn Uhr am Morgen in dem beengten Treppenhaus die vierzehn Stufen steil hoch zur Wohnung hinaufsteigen. Im Hausflur hängen überall ordentlich aufgereiht Leergutflaschen in Einkaufsbeuteln, stehen Haushaltsgeräte herum. Tatortermittler werden später notieren: »Keinerlei Anzeichen für ein Kampfgeschehen, wie der Täter hinterher behauptete, sonst wären all diese Dinge zu Boden gegangen.« Clemens K. öffnet dem Duo die Tür und sticht sofort zu. »Aus Notwehr«, wie er später nicht müde wird zu betonen. Kurt B. habe nach ihm geboxt, den Kampf gewollt, deshalb habe er sich verteidigen müssen, lautet seine Schutzbehauptung, die von der Spurensicherung am Tatort widerlegt wird. Von dem Stich ins Herz getroffen, gerät Kurt B. ins Wanken und stürzt rückwärts die Treppe hinunter, auf seine Kollegin, die hinter ihm stand und ebenfalls zu Boden geht. Vor der Haustür versucht der Vollstreckungsbeamte mit letzter Kraft am Handy den Notruf zu aktivieren, als eine Nachbarin vom Fenster aus den beiden entsetzt zuruft: »Hat der das schon wieder getan?« Die Frau erinnert sich an den tätlichen Vorfall von März, der bei der Staatsanwaltschaft inzwischen als Ermittlungsverfahren wegen gefährlicher Körperverletzung behandelt wird. Die Akte ist angelegt, aber das Verfahren noch nicht endgültig bearbeitet.

Kurt B. stirbt noch am Tatort. Er hatte keine Chance. »Seine Verletzungen waren nicht überlebbar, auch nicht bei sofortiger Maximalversorgung«, sagt Rechtsmediziner Thomas Kamphausen, der die Leiche noch am Tattag obduzierte. Die Fassungslosigkeit ist Kurt B.s Kollegin auch im Gericht noch anzumerken. Beim Ausruf der Nachbarin habe sie gedacht: »Das kann doch nicht wahr sein, dass wir nicht vorher gewarnt wurden.« Die Tränen fließen, als die Erinnerung hochkommt: »Ich krieg keine Luft mehr«, flüsterte Kurt B. seiner Kollegin zu, als er Sekunden nach dem Messerangriff am Boden lag. »Es waren die letzten Worte, die ich von ihm hörte«, schluchzt Martina B., um Fassung ringend, im Zeugenstand.

Vier Monate später hat Köln als bundesweit erste Stadt »ZEMAG« ins Leben gerufen, ein zentrales Melde- und Auskunftssystem bei Gefährdungen von Mitarbeitern. Darin können sich städtische Verwaltungsmitarbeiter, die im Außendienst tätig sind, gegenseitig vor potenziell gefährlichen Kunden und Klienten warnen.

Im Prozess bleibt Clemens K. seinem Prinzip treu, auf Nebenkriegsschauplätze auszuweichen. Er stellt Fragen, die seine irrationale Denkweise offenbaren. So auch, als der Rechtsmediziner das chemisch-toxikologische Gutachten erwähnt, das er nach der Obduktion analysierte. Darin waren sedierende Substanzen im Blut des Opfers festgestellt worden, die eindeutig auf die Notfallmedikation im Rettungswagen zurückzuführen waren. Als Todesursache nannte Kamphausen »Herzversagen durch inneres und äußeres Verbluten«. Clemens K. hält es daraufhin für möglich, dass »der Herzstillstand durch die verabreichten Beruhigungsmittel ausgelöst worden sein kann«.

Nach dem Mord an Kurt B. kommt Clemens K. erneut in die Psychiatrie, diesmal in die Essener LVR-Klinik. Dort gilt der neue Patient von Anfang an als hochgefährlich – endlich! – und bedeutet für die Ärzte ein so hohes Risiko, dass die Mediziner zusätzliche Sicherheitsvorkehrungen angeordnet haben. Selbst hinter verschlossenen Türen hält K. die Behörden auf Trab. Die verschärften Maßnahmen müssen bei der vorgesetzten Behörde jede Woche aufs Neue begründet und beantragt werden, so ist es gesetzlich vorgeschrieben. »Dass ein Patient derart überwacht und kontrolliert werden muss, ist bei uns in neun Jahren nicht ein einziges Mal vorgekommen«, sagt der LVR-Mitarbeiter im Zeugenstand und spricht von einem »Novum«.

In der Klinik lebt K. vollkommen isoliert, sein Zimmer wird per Video überwacht, er hat lediglich einmal am Tag für eine Stunde Hofgang: »Nur mit Hand- und Fußfesseln, in Begleitung von drei Pflegern«, berichtet der Rechtspsychologe. »Es werden sonst weitere Übergriffe befürchtet.« Das Risiko, ihn in die Gesellschaft zu integrieren, sei einfach zu groß. Den Grund für die restriktiven Maßnahmen machten die Ärzte nicht nur an seiner Vorgeschichte, sondern auch an Gesprächen mit ihm fest: »Ich kann für nichts garantieren«, habe K. geäußert. Und er habe erklärt, sich bei möglichen Lockerungen »nicht im Griff zu haben«.

Für den Ankläger hat Clemens K. in beiden Fällen das

Mordmerkmal der Heimtücke erfüllt, weil er seine Opfer »plötzlich und unerwartet« attackiert hat. Eine Sachverständige hatte aufgrund der diagnostizierten paranoiden Schizophrenie bei Clemens K. die Aufhebung der Steuerungsfähigkeit festgestellt und ihn gleichzeitig als Gefahr für die Allgemeinheit bezeichnet: als Wiederholungstäter. Die dauerhafte Unterbringung ist für den Ankläger daher die einzige Option, zumal sich der Beschuldigte nach wie vor weigert, Medikamente einzunehmen. Über die Zwangsmedikation in der Merheimer Klinik hatte sich K. mehrfach echauffiert: »Ich konnte noch nicht einmal die Zeitung lesen, weil an meinem Gehirn derart manipuliert wurde.«

Harriet Krüger, die Anwältin von K., die er von Prozessbeginn an abgelehnt hatte (»Mit der Frau komme ich nicht klar«), wagte in ihrem Schlusswort die These: »Es wäre nie etwas passiert, hätte es keine zwangsweise Vorführung gegeben.« Ihr Mandant habe seit Jahrzehnten vergeblich um sein Recht auf Selbstbestimmung gekämpft, erfahrene Betreuer hätten ihn als »betreuungsunfähig« bezeichnet. Nach Überzeugung Krügers sei deshalb die angeordnete Betreuung obsolet gewesen, denn: »Jeder hat das Recht auf Krankheit, auch der psychisch Kranke.« Nach zehn Verhandlungstagen wird K. erwartungsgemäß auf Dauer in die Psychiatrie eingewiesen. Das Urteil ist keine Überraschung In der Begründung macht die Vorsitzende unmissverständlich klar: »Eine andere Lösung als die Unterbringung sieht das Gesetz in diesem Fall nicht vor.« Auch auf die Frage, ob der Tod von Kurt B. hätte verhindert werden können, geht Grave-Herkenrath ein und verweigert eine eindeutige Antwort: »Ja, nein, vielleicht?« Dass die Klinik nach den beiden schwerwiegenden Vorfällen zwar Anzeige gegen K. erstattet habe, gleichzeitig aber wegen fehlender Eigen- und Fremdgefährdung keinen Antrag auf eine zwangsweise Unterbringung gestellt habe, liege in der Verantwortung der Mediziner. Darüber habe das Gericht nicht zu befinden, betonte die Vorsitzende, da diese Entscheidung allein in der Verantwortung der Klinik gelegen habe. Sie wirbt um Verständnis dafür, dass dauerhafte Unterbringungen nur mit Zurückhaltung beantragt würden. »Das ist das schärfste Schwert, was wir im Strafrecht haben.« Während ein Mörder mit lebenslanger Haft immer noch die Chance habe, wieder auf freien Fuß zu kommen, »gibt es diese Perspektive bei Unterbringungen nicht«.

Sollte das Urteil rechtskräftig werden, wird der Sechzigjährige wohl den Rest seines Lebens in einer psychiatrischen Einrichtung verbringen. Er kündigte nach dem Urteil Revision an.

# EIN FAST PERFEKTER MORD

Der Senior einer ärztlichen Großpraxis in Köln hat nach wochenlangem Koma schwerste Hirnschäden und keine Erinnerung mehr. Einzige Zeugin ist die Enkelin – die Fünfjährige wurde nie befragt.

Der Kassenzettel lag noch auf dem Wohnzimmertisch, ausgestellt auf den 4. Juli 2020. Die Quittung stammte von einem alteingesessenen Herrenausstatter in der Kölner Innenstadt. Facharzt Thomas B. war dort Stammkunde. Diesmal hatte er vier Designer-Oberhemden von van Laack zum Preis von 479,80 Euro gekauft. Kurzärmelig. Für die Praxis.

Zwei Tage später lag der achtzig Jahre alte Gastroenterologe bewusstlos auf dem Sofa, in seiner Bauhausvilla direkt am Stadtwald im feinen Kölner Vorort Junkersdorf. Einem Stadtteil, in dem Dienstboten den Garten pflegen, Haushälterinnen das Regiment führen, das Au-pair den Nachwuchs spazieren fährt.

In der Hand hielt der nicht mehr ansprechbare Mediziner an jenem Montagmorgen eine gelbe Serviette, als die Haushälterin ihn fand, vor ihm stand ein Dessertteller mit einem angebissenen Muffin. Im Blut hatte er eine Überdosis Insulin. Vergeblich hatte die Haushälterin versucht, den Witwer wachzurütteln. Dann hatte sie den Notarzt gerufen. War es ein fehlgeschlagener Suizid? Von einem Mann, der sich nicht einmal achtundvierzig Stunden zuvor noch Hemden gekauft hatte, als Arbeitskleidung für die internistische Praxis, die er als sein Lebenswerk ansah? Oder war es eine Straftat, ein versuchter Mord?

Der Arzt galt für sein Alter als topfit, wirkte um Jahre jünger. Seine Umgebung bezeichnete ihn als »rüstig, vital, lebensbejahend, zukunftsorientiert«. Natürlich gab es die üblichen altersbedingten Zipperlein. Mal war es das Knie, das ihn plagte, oder der Rücken und die Gelenke schmerzten. Aber als Arzt hatte er gängige Schmerzmittel schnell zur Hand. Auch seine chronische Herzerkrankung hatte er im Griff.

Die Praxis hatte er 1973 im Kölner Westen als internistische Anlaufstelle gegründet und im Laufe der Jahre zu einem millionenschweren medizinischen Versorgungszentrum ausgebaut. Mit zuletzt drei Fachärzten und vierzig Angestellten. Ehefrau Heide saß zeitweise an der Rezeption und führte dort mit energischer Attitüde das Regiment.

Heide B. war 2015 überraschend gestorben. Das Paar hatte zwei Söhne. Den jüngeren Sohn Peter (52) zog es direkt nach dem Abitur zum Studium in die Schweiz. Dort lebt er bis heute und machte Karriere. In seiner neuen Heimat ist er als promovierter Unternehmensberater und Hochschuldozent selbstständig tätig.

Der ältere Sohn Theo (54) stieg nach Medizinstudium und Facharztausbildung in die Praxis des Vaters ein. Und zog nur wenige Autominuten entfernt von seinem Elternhaus in einen komfortablen Altbau. Der Vater hatte die Immobilie von einer dankbaren Patientin geerbt. Der Junior hatte 2015 die erfolgreiche Immobilienkauffrau Clara geheiratet. Das Paar hat zwei Kinder, Tochter Susanne (5) und Sohn Emil (2). Nach der Geburt der Kinder hatte die Maklerin ihren Job an den Nagel gehängt.

Am Tag, bevor die Haushälterin Thomas B. bewusstlos aufgefunden hatte, war Schwiegertochter Clara mit der Enkelin im Schlepptau vorbeigekommen und hatte frisch gebackene Muffins mitgebracht. Nur wenige Stunden zuvor war der Mediziner ein paar Häuserblocks weiter bei Bekannten zum Mittagessen eingeladen gewesen. »Er war so normal wie immer. Keineswegs angeschlagen«, erinnern sich später die Gastgeber. Ein Nachbar hatte ihn am Vortag bei der Gartenarbeit beobachtet. »Wir haben uns gegrüßt und zugewinkt«, sagte er. Beim Gespräch über den Gartenzaun sei »eine geplante Reise Thema gewesen«, aber keine Rede von gesundheitlichen Veränderungen.

In der Klinik diagnostizierten die Kollegen bei dem Mediziner akute Lebensgefahr. In seinem Blut befand sich eine extrem hohe Dosis Fremdinsulin in Kombination mit Lorazepam, einem Beruhigungsmittel. Thomas B. lag wochenlang im Koma. Heute ist er ein Pflegefall ohne Gedächtnis. Im Kollegenkreis machte am nächsten Tag mit Blick auf die horrende Insulinmenge schnell das Gerücht die Runde: »Das war ein Anschlag, ein Attentat.« Die Klinik hatte die Polizei eingeschaltet. Und die nahm die Ermittlungen auf.

Der Senior habe bei ihrem Besuch »niedergeschlagen, müde, abgekämpft gewirkt«, beschrieb Schwiegertochter Clara gegenüber der Polizei ihren Eindruck an jenem Sonntag. Er habe »Wortfindungsstörungen gehabt und Stimmungsschwankungen«. Schon sehr früh hatte Clara die Suizid-These in den Raum gestellt. Obwohl der Senior nach Einschätzung seiner Umgebung als gläubiger Katholik einen Selbstmord kategorisch ablehnte.

Clara B. beharrte auf ihrer Selbstmordthese, beschrieb den Schwiegervater zum Tatzeitpunkt als »vergesslich, verwirrt, einsam und depressiv« – im Gegensatz zu den meisten anderen Zeugen. Am Tag des Auffindens hatte sie sich zudem gegenüber der Hausangestellten nach deren Empfinden auffällig verhalten. So war sie an jenem Montag in Begleitung ihres Mannes in der Villa aufgetaucht, aufgelöst durch sämtliche Räume gelaufen, auf der Suche nach Spritzen und Insulin. Sie kannte sich aus; während ihrer beiden Schwangerschaften hatte sie sich das Medikament wegen einer »Schwangerschaftsvergiftung«, wie sie sagte, regelmäßig spritzen müssen.

Die Polizei ermittelte zunächst in alle Richtungen, stieß allerdings bei den Aussagen der Schwiegertochter zunehmend auf Ungereimtheiten. Immer mehr rückte Clara B. in den Fokus der Ermittlungen. Zwei Monate vor dem Anschlag hatte sich die Schwiegertochter auf ihrem Handy nach dem »perfekten Mord mit Insulin« informiert. Dann im Netz nach »geschmacksneutralen Präparaten in Tropfenform bei Betablockern, Schlaf- und Beruhigungsmitteln« recherchiert. Auf insgesamt sieben eng beschriebenen DIN-A-4-Seiten listeten die Ermittler Hunderte Anfragen zum Thema »Vergiftung mit Insulin« auf. Clara B. hatte sich über »verdeckte Einstichstellen« ebenso informiert wie über die »Wirksamkeit von Tavor bei älteren Menschen« (Tavor ist ein hochwirksames Beruhigungsmittel).

Ebenfalls auffällig: Den kompletten Suchverlauf am Handy löschte Clara B. im unmittelbaren Anschluss an den Besuch beim Schwiegervater. Darauf angesprochen, lautete ihre Begründung wenig überzeugend: Ihr Handy sei so langsam gewesen, deshalb habe sie mehr Speicherplatz benötigt. Und es tauchten weitere Verdachtsmomente auf, die zu der Frage führten: Hatte Clara B. bereits Wochen zuvor versucht, den Schwiegervater zu vergiften? Beispielsweise, als sie ihrem

Schwiegervater Ende Juni 2020 nachmittags einen Eiskaffee servierte? Danach war ihm speiübel geworden.

Am selben Abend war der Mediziner mit Bekannten zum Essen verabredet gewesen, erschien jedoch nicht, und zwar ohne abzusagen. »Das war ganz gegen seine Gewohnheiten, er war immer akribisch mit seiner Pünktlichkeit«, hieß es. Die beiden Frauen hatten schließlich bei ihm Sturm geklingelt – und sich erschreckt: »Er stand da im Bademantel, war ganz grau im Gesicht. Es ging ihm schlecht.«

Zwei Wochen darauf eine nahezu identische Szene: Clara B. mixte dem Schwiegervater einen Campari Orange. Der Cocktail habe »bitter, fies und scharf geschmeckt«, erwähnte der Arzt am selben Tag gegenüber der Haushälterin: »Er dachte, es sei um ihn geschehen.« Die Nacht habe er »in Todesangst« verbracht und gefürchtet »jetzt ist es vorbei«, erinnerte die Haushälterin den »elenden Zustand« ihres Chefs. Am nächsten Morgen habe er sich mühsam in die Praxis geschleppt, vorsorglich eine Blutuntersuchung in Auftrag gegeben und in seiner Krankenakte notiert: »Fühle mich wie vergiftet.« Doch EKG, Ultraschall und sämtliche Laborwerte waren in Ordnung, alles schien wieder gut.

Am 30. Juli 2020 stand die Polizei mit einem Durchsuchungsbeschluss an der Haustür der Eheleute Clara und Theo B. »Schatz, die Polizei ist da«, flötete Clara fröhlich ins Haus, nachdem sie im Pyjama dem Tross von insgesamt zwölf Polizeibeamten die Tür geöffnet hatte. In dem richterlichen Dokument war sie als Beschuldigte benannt, verdächtigt des Mordversuches an ihrem Schwiegervater. »Das wundert mich nicht, ich war ja schließlich die Letzte, die ihn lebend gesehen hat«, entgegnete sie scheinbar unbeeindruckt von dem Mordvorwurf. Und spielte die perfekte Gastgeberin: »Was darf ich bringen? Kaffee, Tee, Mineralwasser ...?«

Der leitende Ermittler zeigt sich auch zwei Jahre später verwundert über diesen Einsatz: »Wenn ich immer so erwartet würde bei einer Durchsuchung, hätte ich deutlich mehr Freude an meinem Beruf.« Man sei während der gesamten Zeit »ausgesprochen freundlich, zuvorkommend und nett« behandelt worden.

Schwiegertochter Clara stand also im Fokus der Ermittlungen. Der Schwiegervater sei bei ihrem Besuch unpässlich gewesen, beschrieb sie ihre Begegnung mit Thomas B. Er habe sie und die Tochter zum Auto begleitet und an der Haustür zum Abschied gewinkt, nachdem er zuvor die Enkelin fürsorglich im Kindersitz angeschnallt hatte. Die Frage drängte sich auf: Warum wurde die Fünfjährige nicht unmittelbar nach dem Tatgeschehen als Zeugin befragt? »Wir wollten dem Kind ersparen, eine Aussage zu tätigen, die es später einmal bereuen könnte«, begründete die Polizei den Verzicht. Für die Verteidigung lag die Antwort auf der Hand: »Damit wäre die Anklage in sich zusammengefallen.« Angeblich hatten Clara und Theo B. die Befragung der Tochter schon sehr früh angeboten. Aber es gab auch anderslautende Behauptungen: »Nur über meine Leiche«, soll Clara B. die Vernehmung der Tochter abgelehnt haben, da sie eine »Traumatisierung des Kindes« befürchtete.

Zwei Wochen nach der Hausdurchsuchung wurde Clara B. wegen dringenden Tatverdachts verhaftet. Noch am selben Tag begab sie sich aus eigenem Antrieb stationär in eine psychiatrische Klinik aus Angst, sich etwas anzutun. Gegenüber den Ärzten hatte sie erklärt, sie wolle sich vom nächsten Hochhaus stürzen. Auch hatte sie sich »oberflächlich am

Handgelenk verletzt«, steht in ihrer Akte. Zwei Selbstmordversuche hatte sie schon vor Jahren hinter sich. »Meine Depressionen sind immer da. Das ist wie Durchfall im Kopf«, sagte Clara B. dazu. Nach einer Woche wurde sie von der Klinik in die Untersuchungshaft überführt.

Im Dezember 2020 wird die zweifache Mutter schließlich wegen versuchten Mordes an ihrem Schwiegervater angeklagt. Sie bestreitet die Tat mit Nachdruck. Die Staatsanwaltschaft hat mehr als fünfzig Zeugen befragt, acht Sachverständige um Expertisen gebeten, die Ergebnisse in fünfzehn Bänden Hauptakten und mehrere tausend Blatt Ermittlungen zusammengetragen. Laut Anklage hat Clara B. versucht, »durch Beibringung von Gift sowie eines hinterlistigen Überfalls und einer das Leben gefährdenden Behandlung am Nachmittag des 5. Juli 2020 im Beisein ihrer fünfjährigen Tochter einen anderen Menschen heimtückisch zu töten«. Konkret heißt es in der Anklageschrift, Clara B. habe dem Mediziner das Beruhigungsmittel Tavor in ein Getränk gemixt, ihn damit ruhiggestellt, um ihm anschließend ungehindert mehrere tausend Einheiten des Insulinpräparates NovoRapid in Kombination mit Protaphane zu verabreichen.

Die Tochter habe Clara B. »als Türöffner perfide instrumentalisiert«, sagt der Vorsitzende Richter später im Prozess. Denn ohne die Enkeltochter hätte der Senior die ungeliebte Schwiegertochter wohl kaum empfangen. Um die Tochter abzulenken, habe Clara B. der Fünfjährigen ihr Smartphone in die Hand gedrückt. Die Auswertung des Mobiltelefons bestätigte, was Clara B. zunächst bestritt. Ihre Lüge hatte sie später mit »Gedächtnislücken« begründet, die auf eine früher erlittene Meningitis zurückzuführen sei. So hatte sie sich zum

Tatzeitpunkt beim Streamingdienst Netflix eingeloggt und dort von 16.30 Uhr bis 17.54 Uhr hintereinander drei Kinderserien abgerufen: *Ben & Hollys kleines Königreich*, danach *Chips und Toffel* und schließlich noch drei Folgen *Kleine Prinzessin*.

Die Frage nach einem Motiv lässt der Ankläger zunächst unbeantwortet.

Der Prozess gegen Clara B. beginnt am 30. Juli 2021 vor der 5. Großen Strafkammer des Kölner Landgerichts unter regem Zuschauerinteresse, denn der Ruf des Facharztes war legendär. Thomas B. war ein Mediziner alten Schlages. Ein Arzt, für den Hausbesuche eine Selbstverständlichkeit waren, selbst spätabends oder mitten in der Nacht. Bei dem Patienten auch zu später Stunde noch privat anklingeln konnten in der Gewissheit, dass ihnen geholfen wird. Ein Mediziner, der sich für seine Klientel Zeit nahm, der zuhörte und selbst im hohen Alter noch zehn, zwölf Stunden in der Praxis saß, Patienten empfing, Krankenakten las, Gutachten schrieb. Seine profunde Fachkenntnis war bundesweit in Universitätskliniken gefragt.

Zum Prozessauftakt nimmt die scheinbar gefasst und penibel auf ihr Äußeres bedacht wirkende Angeklagte zwischen ihren beiden Verteidigern Platz: »Ich kann nichts zugeben, was ich nicht getan habe«, hält sie der Anklage entgegen und setzt mit erstaunter Miene hinzu: »Dass ich hier eines Tages sitze, hätte ich nie für möglich gehalten.«

Die Verteidigung zieht gleich zu Beginn alle Register, um die Anklage zu torpedieren. Spricht von »abstrusen Parametern« in der rechtsmedizinischen Expertise, einem »Gefälligkeitsgutachten zugunsten der Ermittlungsbehörden«; die Analysen entbehren »jeglichen naturwissenschaftlichen Erkenntnissen«. Das Gericht lehnt den Befangenheitsantrag gegenüber der Rechtsmedizin ab. Zwar stellt sich im Laufe der Verhandlungen heraus, dass die Berechnungen der Toxikologin tatsächlich in Teilen fehlerhaft sind, doch die Rechtsmedizinerin wartet im Prozess mit korrigierten Werten auf. Die Verteidigung verweist auf ein von ihnen in Auftrag gegebenes Gegengutachten und behauptet: »Weltweit gibt es keinen einzigen Fall, in dem jemand eine sechzehnstündige durch Insulingabe verursachte Unterzuckerung überlebt hat.« Die Überdosis müsse zu einem viel späteren Zeitpunkt verabreicht worden sein, dafür allerdings habe ihre Mandantin ein Alibi.

Im Plauderton beteuert Clara B. ihre Unschuld, erzählt lächelnd vom Beginn ihrer Ehe: »Wir sind 2013 auf einer Karnevalsfeier verkuppelt worden.« In Kölns guter Stube, dem Gürzenich. Amüsiert berichtet sie von der Schwiegermutter, die ihr von Anfang an feindselig gegenübergestanden hatte. Auf die Verlobung des Paares hatte die Seniorin entsetzt reagiert und ernsthaft gefragt: »Kann man das noch verhindern?« Während der Schwiegervater in spe am Verlobungstag schweigend in den Keller ging, um eine Flasche Champagner zu holen.

Das Paar wohnte in einem gepflegten, mehrgeschossigen Altbau mit einem verwunschenen Vorgarten und einem mediterran bepflanzten Garten. Dafür zahlten die Eheleute dem Senior den für Kölner Mietverhältnisse lächerlich bescheidenen Betrag von 600 Euro Monatsmiete. Nach der Hochzeit habe Clara B. das Haus mit ihren Sanierungsplänen komplett auf den Kopf gestellt, erzählte die Hausangestellte des Seniors den Ermittlern. »Nichts war ihr gut genug«, soll sich Thomas B. über die Schwiegertochter beklagt haben. Für eine neue Markise hatte der Senior bereitwillig 5000 Euro gezahlt. Doch gekauft wurde ein Sonnensegel mit integriertem Heizstrahler und LED-Beleuchtung für 16 000 Euro. Sohn Theo verlangt inzwischen laut Akten den Differenzbetrag von seinem Vater vor einem Zivilgericht zurück.

Im Prozess wischt Clara B. mögliche Eheprobleme vom Tisch. Ehemann Theo war vier Monate vor dem Tatgeschehen aus der ehelichen Wohnung aus- und bei seinem Vater eingezogen. Zeitgleich ging Clara B. am Handy auf Partnersuche, loggte sich in mehrere Dating-Portale ein. »Nicht für mich, sondern für meine beste Freundin, sie ist Single«, begründet die Angeklagte im Prozess die Männersuche.

Nach außen hin begründen die Eheleute den Auszug des Ehemanns mit gemeinsamer Vorsicht. Immerhin gab es Corona, der Gastroenterologe sei in der Praxis der Gefahr täglich ausgesetzt. Und Clara B. leide an einem angeborenen Immundefekt, sie sei ohnehin ständig gesundheitlich angeschlagen. Er habe sie nicht anstecken wollen, erklärte der Arzt den Ermittlern.

Doch es gab einen weiteren Grund für die vorübergehende Trennung der Eheleute: »Bedingungen für ein weiteres Leben« ist die E-Mail überschrieben, die der Vorsitzende Richter Peter Koerfers am 16. Prozesstag aus den Akten zieht. Darin hatte Clara B. ihrem Mann die Pistole auf die Brust gesetzt: »Wir müssen was ändern, sonst wird unser Zusammenleben schwierig und ich zu einer verbitterten, frustrierten Frau«, heißt es darin. »Wir müssen unser Liebesleben aktivieren«, beklagt sie fehlenden Sex, man lebe »nur noch nebeneinander her«, und schließt mit der Forderung: »Bitte komm nur mit einem Koffer und Einsicht nach Hause.«

Dass die Immobilienmaklerin es schwer hatte, in der Arztfamilie akzeptiert zu werden, beobachtete so mancher aus dem Umfeld. Beispielsweise eine enge Freundin des Seniors: Thomas B. hatte sich der Diplompsychologin anvertraut und das Verhältnis zwischen Schwiegertochter und Schwiegermutter beschrieben: »Sie passt einfach nicht in die Familie. Sie ist ein Sargnagel für meine Frau.« Der Senior habe sich zu Clara B. »distanziert« verhalten und seine Vorbehalte mit den Worten erklärt: »Sie ist nicht ehrlich.«

Eine Mitarbeiterin aus der Praxis beschrieb das Verhältnis ihres Chefs zu seiner Schwiegertochter so: »Er mochte sie nicht wirklich, kam nicht mit ihrer Art klar.« Die Schilderungen der Zeugen machen erstmals ein Motiv deutlich: Clara B. wurde von den Schwiegereltern nur geduldet, nicht gemocht, vielmehr abgelehnt. Später ist sogar von Hass die Rede. Die Beziehung zwischen Vater und Sohn – ebenfalls konfliktreich. »Mich trägt man mit den Füßen zuerst aus der Praxis«, habe Thomas B. gesagt, nachdem es wieder einmal gekracht hatte. »Er wollte seinen Vater aus der Praxis haben«, bekundeten die Arzthelferinnen ihren Eindruck vom Juniorchef.

Schwager Peter B. nennt mögliche finanzielle Gründe als weiteres Motiv für die Angeklagte. Die wirtschaftliche Lage der Eheleute sei »relativ lau«, überhaupt habe sein Bruder »noch nie gut mit Geld umgehen können, das war schon als Kind so.« Den aktuellen Zustand seines Vaters beschreibt der Sohn mit deutlichen Worten: »Man hat ihm das Hirn weggeschossen. Er hat die kognitiven Fähigkeiten eines Zweijährigen mit der Erinnerung eines Achtzigjährigen.«

Der Unternehmensberater hatte seinen Vater zuletzt im Mai 2020 gesehen, auf der Geburtstagsfeier des Seniors zum Achtzigsten, einen Monat vor dem Tatgeschehen: »Ich habe ihn fidel erlebt. Da war Lebensmut und Kraft. Er lebte für die Arbeit. Sie war sein Lebensinhalt.« Umso schlimmer muss es den Senior getroffen haben, dass Sohn Theo ihn möglicherweise aus der Praxis drängen wollte. »Es wird endlich Zeit, dass du gehst«, habe der Junior im Familienkreis dem Senior vorgehalten und als Antwort erhalten: »Noch bestimme ich das.«

Die Annahme eines fehlgeschlagenen Suizids hält Peter B. für abwegig, ja absurd: »Er ist Arzt, Profi, er hätte gewusst, wie es geht.« Auch sei der Vater nicht der Typ, der auf diese Weise aus dem Leben scheide: »Er hätte es klar kommuniziert, mit einem Abschiedsbrief und einem Glas Rotwein vor sich.«

Innige Blicke und einen angedeuteten Kuss von Clara B. registrieren Prozessbeteiligte, als Ehemann Theo B. am 18. Prozesstag in den Zeugenstand tritt. Das Verhältnis zu seinem Bruder liegt hingegen seit dem tragischen Geschehen auf Eis. »Er kennt keine Unschuldsvermutung und hat sich mit allem, was er zwischen den Zeilen sagt und tut, der Vorverurteilung angeschlossen«, sagt Theo B. über seinen jüngeren Bruder, der die Schwägerin für die Täterin hält. Theo B. hingegen steht auf der Seite seiner Frau und beschreibt sie als einen »feinsinnigen Menschen, der sich für andere aufopfert«. Die Tat sei ihr »charakter- und wesensfremd«. Das Motiv »Haustausch« hält der Ehemann für abwegig: »Das wäre so, als würde man meine Frau aus ihrem erschaffenen Paradies vertreiben.«

Im Prozess hatten mehrere Zeugen anderslautende Äußerungen der Angcklagten zu Protokoll gegeben: Beispielsweise den Satz, der auf einer Familienfeier in der Junkersdorfer Villa gegenüber der Tochter Susanne fiel: »Schatz, hier werden wir demnächst wohnen.« Die Enkelin habe später zum Großvater gesagt: »Opa, wir ziehen bald hier ein.«

Ob er seiner Frau einen Mord zutraue, fragt der Vorsitzende Theo B. Der reagiert pikiert: »Nur, weil sie zum Selbstmord neigt und aggressiv gegen sich vorgeht, ist sie noch lange keine Mörderin«, antwortet B. Ausgeprägte Depressionen und eine mögliche Suizidgefährdung bestätigt auch der langjährige Therapeut der Angeklagten, der ihr eine bipolare Störung attestiert. Die Diagnose des Psychiaters einer Privatklinik wird von der forensischen Gutachterin im Prozess vom Tisch gefegt: Sie bezeichnet die Angeklagte als »psychisch nicht gestört, vielmehr psychisch belastbar« und sieht »keinerlei Anhaltspunkte für pathologische Auffälligkeiten«. Vielmehr sei Clara B. »sozial kompetent, durchsetzungsfähig, stressresistent« und verfüge über eine »facettenreiche Persönlichkeit«.

Den Ausführungen der Gutachterin folgt die Angeklagte in scheinbar erschöpftem Zustand. Der nunmehr neunmonatige Prozess hat Spuren hinterlassen. Die anfangs zur Schau gestellte gute Laune, ja, Fröhlichkeit – verpufft. Das gefärbte Blond der sonst so sorgfältig gestylten Angeklagten ist herausgewachsen. Sie wirkt müde, lehnt den Kopf Schutz suchend zur Seite, schließt immer wieder die Augen, als die Psychiaterin ihr Gutachten erläutert. Sie ahnt, dass die psychiatrische Analyse für sie nicht gut aussieht.

Darin ist von »manipulativen Tendenzen, andere für sich einzuspannen«, die Rede. Treffe die Anklage zu, sei Clara B. »planvoll und orientiert mit den entsprechenden Vorbereitungshandlungen vorgegangen« und somit strafrechtlich voll verantwortlich. Eine suizidale Absicht des Opfers hält die Psychiaterin für abwegig: »Nichts spricht für einen Suizidversuch des Arztes, keine einzige Zeugenaussage für einen Spontan-Suizid.« Lediglich die Angeklagte und ihr Ehemann hätten das Opfer so gesehen.

Nach fünfzehn Monaten Verhandlungsdauer ist der Prozess im Oktober 2022 auf der Zielgeraden und der von der Verteidigung angestrebte Freispruch unwahrscheinlicher denn je. Die Aufhebung des Haftbefehls wird wiederholt wegen »dringendem Tatverdacht und erhöhter Fluchtgefahr« durch alle Instanzen abgelehnt. Clara B. hat Verwandte in Belgien, die Möglichkeit, sich ins Ausland abzusetzen, halten die Richter für realistisch. Der Ankläger fordert eine lebenslange Haftstrafe, spricht in seinem Plädoyer von Heimtücke und nennt mögliche Rachegelüste für erlittene Demütigungen als Motiv. Zudem habe es Clara B. auf die Villa des Arztes abgesehen; als Maklerin habe sie gewusst, um was für ein Filetstück sich das Anwesen an einer der ersten Adressen Kölns handele.

Die Verteidigung unterstreicht erneut die Unschuld ihrer Mandantin und stützt sich dabei auf »naturwissenschaftliche Erkenntnisse« ihres in Auftrag gegebenen Gegengutachtens. Clara B. sei darüber hinaus nicht vorbestraft, führe ein privilegiertes Leben, sei Mutter zweier kleiner Kinder. »Sie soll eine Mörderin sein? Unwahrscheinlich«, schließt die Verteidigung ihr Plädoyer.

»Ich bin keine Mörderin«, beteuert auch Clara B. in ihrem letzten Wort. Sie zeigt keinerlei Emotion, als der Vorsitzende am 20. Oktober 2022 von einem »perfiden Verbrechen« und einem »fast perfekten Mord« spricht, lebenslange Haft anordnet. Als Motiv nennt er »Hass, Kälte, Ablehnung und Demütigung«, die Clara B. vom Schwiegervater zu spüren bekommen habe: »Es gab keine Sympathie oder Wertschätzung.« Der Prozess habe Abgründe im Familienleben offenbart: »Es war nicht die heile Welt, die uns vorgespielt wurde.«

Die Internet-Recherche der Angeklagten an ihrem Handy bezeichnete der Richter als das »Herzstück der Indizienkette«. Damit habe Clara B. »Täterwissen und eine exakte Tatplanung offenbart«. Dem Hauptargument der Verteidigung, im Gutachten seien wissenschaftliche Erkenntnisse ignoriert worden, hält das Gericht entgegen: »Man kann diese Substanzen nicht zuverlässig berechnen, denn es gibt darüber keine abschließenden Forschungen.«

Zwei Stunden dauert die Urteilsbegründung. Immer wieder schaut Clara B. in die Zuschauerreihen. Dort sitzt ihr Ehemann Theo, der die Tränen nicht zurückhalten kann. Zu Prozessbeginn hatte der Staatsanwalt an Clara B. appelliert, zu gestehen, um mit einer zeitlich begrenzten Haftstrafe ihre Kinder aufwachsen sehen zu können. Jetzt sieht es so aus, dass ein Leben in Freiheit erst möglich sein wird, wenn die Kinder erwachsen sind. Aber Clara B. wirkt gelassen. Sie weiß, es geht weiter. Ihre Anwälte haben Rechtsmittel eingelegt.

# DIE RATTE

Er gab den liebevollen Lebenspartner, den fürsorglichen Familienvater für die noch ungeborene Tochter. In Wirklichkeit soll er längst geplant haben, die schwangere Freundin zu töten. So wie schon zuvor seine zweite Ehefrau und die Großmutter der Lebenspartnerin. Die Frauen soll der gelernte Krankenpfleger mit Thallium vergiftet haben, die schwangere Freundin überlebte den Giftanschlag. Das gemeinsame Kind starb vier Monate nach der Geburt. Mehrere Monate hinterfragte das Kölner Schwurgericht das mörderische Treiben des Serientäters – das Motiv blieb bis zuletzt ein Rätsel.

Der Mann am Strand ist gut drauf. Breitbeinig steht Martin B. in den Dünen, das Meer im Hintergrund, die Arme in den Himmel gehoben, als wollte er die ganze Welt umarmen. Geradezu tiefenentspannt blickt der gelernte Krankenpfleger frontal in die Kamera, ein breites Grinsen im Gesicht. So hat ihn sein bester Freund fotografiert, im August 2020, am Strand von Wangerooge.

Da war seine Ehefrau Britta nach einem qualvollem Sterbeprozess gerade wenige Wochen tot. »Sie war die Liebe meines Lebens, ich liebe sie immer noch«, erzählt B. mit Tränen in den Augen bis heute jedem, der mit ihm über seine Trauer spricht. Zur Todesursache sagte der Krankenpfleger stets etwas anderes: Mal war Britta an den Folgen von Corona gestorben, dann wieder war es das Guillain-Barré-Syndrom, eine seltene Autoimmunerkrankung. Aber Britta wurde heimtückisch ermordet – durch ihren Ehemann.

Der Krankenpfleger hatte die vier Jahre jüngere Gymnasiallehrerin Britta (Sport, Erdkunde) 2015 im Netz kennengelernt, so wie es in Zeiten des Internets üblich ist. Britta galt als ausgesprochen vital, unternehmungslustig, eine allseits beliebte Pädagogin mit großem Freundes- und Kollegenkreis. Die attraktive Hamburgerin hatte an der Deutschen Sporthochschule in Köln ihr LehrerInnen-Examen mit Bestnoten absolviert, danach eine Stelle an einem Gymnasium in Mettmann bei Düsseldorf angenommen.

Als Sportlehrerin hatte sie an der Schule regelmäßig Ski-Freizeiten organisiert, an denen später auch Ehemann Martin teilnahm. Dabei kam dem begeisterten Amateur-Tänzer seine semi-professionelle Begabung im sportlichen Bereich zugute. Bereits beim ersten Treffen im November 2015 hatte Britta sich in den Krankenpfleger mit der Zusatzausbildung zum Hygienefachwirt verliebt. Die beiden hatten sich über Parship kennengelernt. Nach mehreren enttäuschenden Datings auf der Internet-Kontaktbörse hatte sich die Pädagogin bereits abgemeldet, Martin B. war ihr letzter Versuch. Der tödlich enden sollte.

Vier Wochen nach dem ersten Treffen nahm Britta den neuen Mann an ihrer Seite mit zu ihren Eltern nach Hamburg. Da saß Martin B. bereits Heiligabend 2015 bei seinen künftigen Schwiegereltern mit unter dem Weihnachtsbaum. »Er sagte gleich Mama und Papa zu uns«, wunderten sich die Schwiegereltern. »Wir fanden das irritierend«, sagt das Ehepaar heute und bezeichnet das Verhalten des Krankenpflegers als »befremdliches Gebaren«. Aber letztendlich waren sie froh, die Tochter endlich wieder glücklich in einer Paarbeziehung zu sehen.

Britta war gesund bis auf eine Laktoseintoleranz und eine Histaminallergie. »Die Beschwerden fingen an, als sie Martin kennenlernte«, erinnern die Eltern. Aber sie waren erleichtert, dass sich der zukünftige Schwiegersohn so liebevoll um die Tochter kümmerte. Regelmäßig habe der Krankenpfleger die Tochter bekocht, eingekauft und dafür gesorgt, dass »frisch zubereitetes Essen auf den Tisch kam«. Mit finanzieller Unterstützung der Schwiegereltern kaufte sich das Paar ein großzügiges Einfamilienhaus mit parkähnlichem Garten in Leverkusen-Hitdorf bei Köln. Keine fünf Minuten fußläufig zum Rhein. Der Krankenpfleger galt im Todesfall von Britta als Alleinerbe.

Bereits bei der Hochzeit 2017 klagte Britta über unspezifische Beschwerden im Magen-Darm-Trakt. Sie vermutete nach der Laktoseintoleranz eine zusätzliche Nahrungsmittelunverträglichkeit. Eine Odyssee, die von Ärzten erfolglos zu Ernährungsberatern, Heilpraktikern, Achtsamkeitstrainern führte – vielmehr verschlimmerte sich ihr Gesundheitszustand: trotz Medikation, Entspannungstechnik, Sabbatical, homöopathischen Mitteln, Ernährungsumstellung. Zuletzt konnte sich die Pädagogin kaum noch auf den Beinen halten, da hatte sie bereits mehrere Klinikaufenthalte hinter sich. Ende 2019 spitzt sich ihr Gesundheitszustand dramatisch zu, sie wird immer schwächer, die Schmerzen nehmen zu. Interessanter Weise zu einem Zeitpunkt, als der Kinderwunsch zwischen den Eheleuten erstmals ernsthaft in den Fokus rückt.

Britta B. wird vom Hausarzt im Mai 2020 stationär eingewiesen, der Mediziner vermutet eine Nebennierenentzündung. Sie klagt über unerträgliche Schmerzen in Armen und Beinen, kann nicht mal mehr stehen. Martin ist rührend um sie bemüht, stets an ihrer Seite. Im Krankenhaus übernimmt er ihre Pflege, wäscht sie, trägt sie ins Bad, zur Toilette, füttert sie, ist für sie da.

An Christi Himmelfahrt gratuliert Britta B. ihrem Vater zum Vatertag, am Telefon, vom Klinikbett aus, und klagt mit schleppender Stimme: »Papa, ich kann meine Augen nicht mehr öffnen. Mir geht es so schlecht.«

Die anwesende Ärztin, die zu diesem Zeitpunkt noch von einer schweren Nervenentzündung ausgeht, hatte sich den Hörer geben lassen und dem versichert: »Einen derart sich verschlechternden Krankheitsverlauf habe ich so noch nie erlebt«. Die Mediziner wissen jedenfalls nicht weiter, das Ergebnis einer weiteren Laboranalyse steht noch aus, da überweisen sie die Patientin nach drei Tagen ins Düsseldorfer Universitätsklinikum. Sie wird inzwischen beatmet und ins künstliche Koma versetzt. Es besteht kaum noch Hoffnung.

In der Uniklinik können die Ärzte Britta B. nicht mehr helfen. Britta wird nicht mehr wach. Bereits einen Tag nach der Verlegung in das nächste Krankenhaus stirbt die Patientin an multiplem Organversagen, ohne noch einmal das Bewusstsein erlangt zu haben. »Todesursache ungeklärt« steht auf dem Totenschein, als die Polizei noch am Abend des 29. Mai 2020 ans Totenbett gerufen wird.

Als Todesursache hatten die Ärzte auf die seltene Nervenerkrankung des Guillain-Barré-Syndroms getippt, allerdings war auch von einer »schleichenden Vergiftung durch die langjährige Einnahme von einer Vielzahl von möglich verunreinigten Nahrungsergänzungsmitteln« die Rede gewesen. So stand es in den Polizeiakten.

Der frischgebackene Witwer wird daraufhin von der Polizei vernommen: Seinen emotionalen Zustand erinnert der Vernehmungsbeamte als außergewöhnlich: »Er war sichtlich betroffen, aber sehr kooperativ und interessiert, den Sachverhalt aufzuklären.« Zum Beweis legte der Krankenpfleger einen ganzen Sack voll Pillen, Tropfen, Tabletten – alles Nahrungsergänzungsmittel – seiner verstorbenen Frau auf den Tisch. Den Schwiegereltern in Hamburg schickt er jede Woche ein Foto vom Grab, will zeigen, wie sehr er noch an der Verstorbenen hängt. Auch dann noch, als er den Senioren nur wenige Wochen später überraschend von einer neuen Partnerin an seiner Seite berichtet: aus einem »unerfüllten Kinderwunsch« hatte er im Netz nach einer Frau gesucht.

Die Polizei hatte letztlich die Akte mit dem Vermerk »kein Hinweis auf ein Fremdverschulden« geschlossen, darin notiert, der »geschwächte gesundheitliche Allgemeinzustand der Sportlehrerin sowie deren Vorerkrankungen können zum Tod geführt haben.«

Eine fatale Fehleinschätzung, denn inzwischen lag die Laboranalyse jenes Düsseldorfer Krankenhauses vor, aus dem Britta B. bereits im Koma liegend in die Uniklinik überwiesen worden war: Das Ergebnis war eindeutig und sprach von einem »extrem hohen Thalliumwert«, der mit einer Verunreinigung von Nahrungsergänzungsmitteln nicht zu erklären sei, zu hoch sei der Wert.

Doch die Beamten reagierten nicht, gaben lediglich bei der Düsseldorfer Rechtsmedizin ein weiteres chemisch toxikologisches Gutachten in Auftrag. Und das ließ auf sich warten. Erst im November 2021 stand schwarz auf weiß fest, dass Britta B. eine letale Dosis Rattengift im Blut hatte. In dieser Zeit waren drei Menschen aus dem engsten Umkreis des Krankenpflegers weitere Opfer einer Thalliumvergiftung geworden.

Bei Thallium, auch als Rattengift bekannt, handelt es sich um ein stark toxisches Schwermetall. Es kommt in der Natur, in Lebensmitteln, im Trinkwasser und in der Luft vor, kann oral oder über Hautkontakt aufgenommen werden. Bei einer akuten Thalliumvergiftung treten meist nach ein bis zwei Tagen zunächst unspezifische Magen-Darm-Probleme auf. Dann wird das Nervensystem angegriffen, es kommt zu Sehstörungen und Gehirnschädigungen. Nach zwei Wochen tritt extremer Haarausfall auf, schließlich greift das Gift die Nieren an, und es kommt zu einem multiplen Organversagen. Es genügt nicht mal ein Gramm davon, um einen Menschen zu töten.

Weil das weiße Metallpulver geruchs- und geschmacklos ist, lässt es sich unbemerkt der Nahrung untermischen. Als Rattengift darf Thallium zwar nicht mehr verwendet werden, allerdings ist die Substanz im Internet erhältlich.

Sehr viel später kommt raus, dass Martin B. vier Wochen vor dem Tod seiner Ehefrau 25 Gramm Thallium bestellt hat. Die Rechnung hatten Ermittler auf seinem Computer gefunden. Das Gift hatte er sich an die Adresse seines Arbeitgebers liefern lassen, einer Stiftung, die mit Krankenhäusern und Altenheimen arbeitet.

Nur ein paar Wochen nach dem Tod seiner Ehefrau Britta meldet sich Martin B. erneut im Internet an, diesmal auf einer Co-Parenting-Seite. Er inseriert sowohl mit seinem richtigen als auch mit einem Alias-Namen. Auf der Plattform sind Männer und Frauen aufgeführt, die einen Kinderwunsch haben, aber ausdrücklich keine Liebesbeziehung eingehen wollen. Sie sind ausschließlich an einer Zweckgemeinschaft interessiert, wollen gemeinsam für das geplante Kind sorgen, aber kein Paar sein. Bei seiner Anmeldung geht der Krankenpfleger offensichtlich zweigleisig vor.

»Ich wollte etwas Bleibendes aus meinem Leben hinterlassen, das auch nach meinem Tod noch existiert«, begründet Martin B. später seine Vorgehensweise. Der Krankenpfleger – sein Profilbild zeigt einen freundlich in die Kamera blickenden Mann mit hoher Stirn, kurzen Locken und sympathischen Lächeln – bekommt schnell Antwort.

Sein Typ scheint gefragt. Unter seinem Alias-Namen kontaktiert B. eine Steuerfachgehilfin, die ein Kind mit ihm möchte. Einer späteren Liebesbeziehung sei sie nicht abgeneigt gewesen, gibt die Frau bei ihrer polizeilichen Vernehmung später zu Protokoll. Nach rund einem Dutzend Treffen innerhalb eines Jahres wird die Finanzfachfrau im Herbst 2021 schwanger.

Nahezu zeitgleich meldet sich Theres S. (37) bei dem Krankenpfleger. Sie ist wie die verstorbene Ehefrau Britta eine engagierte Gymnasiallehrerin (Sport, Chemie) und hatte in der Vergangenheit nur Pech mit Männern. Ihr gegenüber gibt B. allerdings seinen richtigen Namen preis. Die Gymnasiallehrerin wünscht sich sehnlichst ein Kind, gesteht sie Martin. Aus der Zweckgemeinschaft mit Martin entwickelte sich für sie überraschend schnell eine Liebesbeziehung, obwohl der Krankenpfleger zeitlich mit der Steuerfachgehilfin die Kinderplanung in Angriff nimmt. Die beiden Frauen wissen nichts voneinander.

Martin bezeichnet Theres S. als seine Traumfrau. »Sie hatten sich ineinander verliebt, ich habe unsere Tochter noch nie so glücklich gesehen«, sagen deren Eltern in der Vernehmung. Seine verstorbene Frau Britta habe ihm »einen Engel geschickt«, schwärmt der Krankenpfleger über die neue Frau an seiner Seite. Obwohl Martin B. kein Hehl daraus macht, wie sehr er noch an seiner verstorbenen Frau hängt. Er ist inzwischen zu Theres gezogen, stellt in der gemeinsamen Wohnung Bilder der Verstorbenen auf, hat im Garten in Erinnerung an Britta ein Beet gepflanzt, das ihren Namen trägt, besucht wöchentlich ihr Grab, hat ein Foto von ihr in der Brieftasche und spricht ganz offen über ihr qualvolles Sterben. Er beschreibt haarklein die rätselhaften Symptome, als es mit Britta im Krankenhaus zu Ende ging. Und begeht damit einen fatalen Fehler. Denn seine zukünftige Schwiegermutter hört genau hin und hat sich die detaillierten Schilderungen gemerkt.

Nach drei Fehlgeburten ist Theres S. im November 2021 erneut schwanger. Sie ist mit Martin inzwischen in das Haus ihrer verstorbenen Großmutter in Hürth, einem Vorort von Köln, gezogen, die Seniorin war im April 2021 im Alter von 92 Jahren qualvoll gestorben, das Haus hatte sie der Enkelin vererbt. Den unerträglichen Sterbeprozess, die nicht erklärbaren Schmerzen hatten die behandelnden Ärzte zu diesem Zeitpunkt noch auf das Alter der bis dahin noch eigentlich recht fitten Großmutter geschoben.

Theres S. geht es in der Schwangerschaft nicht gut. Sie hat zunächst mit Übelkeit zu kämpfen, dann kommen untypische Schmerzen hinzu. Lähmungserscheinungen, Haarausfall, Schwindelgefühle: Symptome, wie sie die Mediziner auch bei der Seniorin diagnostiziert hatten.

Doch der Groschen fällt erst, als auch Theres ins Krankenhaus kommt. Ihre Mutter erinnert sich an die präzisen Details, die Martin über das qualvolle Sterben seiner Ehefrau von sich gab – und sieht ihre schwangere Tochter, die gerade Ähnliches durchmacht. Sie zählt eins und eins zusammen – und geht zur Polizei, rettet ihrer Tochter damit das Leben.

Ein Zufall kommt zur Hilfe, denn Theres wird Mitte November in die Uniklinik Düsseldorf eingewiesen, weil ihr zuständiges Heimatkrankenhaus wegen Corona keine Patienten mehr aufnehmen kann. Die Ärzte glauben an ein Déjà-vu, denn anderthalb Jahre zuvor war Britta B. mit identischen Symptomen aufgenommen worden.

Dieselben Symptome, derselbe Mann an der Seite der Patientin – das kann kein Zufall sein. Die Ärzte – wie zeitgleich die Mutter von Theres – alarmieren die Polizei, diesmal wird die in der 15. Woche schwangere Patientin sofort auf eine mögliche Thalliumvergiftung behandelt – und überlebt.

Das Baby wird im Mai 2022 acht Wochen zu früh geholt – und schafft es zunächst, überlebt mit verkürzten Gliedmaßen und schweren Hirnschädigungen. Das kleine Mädchen stirbt jedoch vier Monate später nach Aussagen der Rechtsmedizin am plötzlichen Kindstod.

In den ersten Wochen in der Klinik muss Theres künstlich beatmet werden, ihr Zustand galt als kritisch, zeitweise war sie nicht ansprechbar. In dieser Zeit fälschte Martin B. ihre Unterschrift, leitete 60000 Euro auf sein Konto um. Das Geld hatte die Krankenkasse als Vorschuss für die Behandlungskosten der beamteten Lehrerin überwiesen.

Am 30. November 2021, kurz nach sechs am Morgen, fährt eine sechsköpfige Mordkommission der Kölner Kripo an Martins Wohnadresse in Hürth vor. Es ist noch stockdunkel, vor dem Einfamilienhaus sind die Jalousien heruntergelassen, der Hausherr schläft noch. Keine Reaktion auf Klingeln und Klopfen, Martin B. macht nicht auf. Doch die Beamten haben sich einen Zweitschlüssel besorgt. Auf der Treppe kommt ihnen der Krankenpfleger schlaftrunken im Pyjama entgegen. Er darf sich noch anziehen, dann eröffnen die Beamten ihm den Durchsuchungsbeschluss mit den Mordvorwürfen.

Er gilt nun als Beschuldigter, soll seine verstorbene Ehefrau sowie die schwangere Freundin und deren Großmutter mit Thallium vergiftet haben. Als die Mutter der Schwangeren bei der polizeilichen Vernehmung den qualvollen und sehr ungewöhnlichen Sterbeprozess ihrer 92-jährigen Mutter schilderte, hatten die Beamten prompt reagiert. Die Leiche der Seniorin wurde exhumiert – der Verdacht bestätigt: Auch sie hatte eine letale Dosis Thallium im Blut.

Zwei Tage, nachdem die Uniklinik bei der schwangeren Therese das Gift nachgewiesen hatte, erwirkten die Beamten bei Gericht den Durchsuchungsbeschluss. »Das ist ein Scherz«, begegnet der Krankenpfleger mit zitternder Stimme den Vorwürfen. »Ich bin doch kein Mörder, ich würde niemals einen Menschen umbringen«, wiederholt er immer wieder, verweist auf seine Ausbildung: »Ich rette als Krankenhaus-Hygieniker Leben, praktiziere doch nicht das Gegenteil.« Bei der späteren Vernehmung wiederholt er denselben Satz wie ein Mantra: »Das ist verrückt, ich bring doch nicht meine Frau um. Auch nicht meine Freundin. Ich liebe doch beide.«

»Aus einem Anfangs- wurde ein dringender Tatverdacht«, erinnerte der Leiter der Mordkommission, Jens Müller, im Prozess die vorläufige Festnahme des Krankenpflegers noch am selben Abend. Die Beamten hatten auf dem Arbeitslaptop des Krankenpflegers einen Treffer gelandet.

Vier Wochen vor dem Tod seiner zweiten Ehefrau hatte B. im April 2020 über sein Dienstlaptop 25 Gramm Thallium bei einer Fachfirma bestellt. Geliefert wurde das Gift an seinen Arbeitgeber, einem Krankenhaus. Die Rechnung ging an seine Privatadresse.

Ein weiteres Indiz: Im Flur des Hauses, im Eingangsbereich, an der Garderobe, hing eine schwarze Herrenjacke, Größe M, in der rechten Jackentasche fanden die Ermittler eine Einmalspritze, gefüllt mit einer »kristallinen Flüssigkeit«, sowie eine Dose mit der Aufschrift »Tavor«.

Doch es ist kein Sedativum, sondern Thallium, das sich sowohl in der Spritze als auch in dem Behältnis befindet. Das Landeskriminalamt hatte das Laborergebnis innerhalb weniger Stunden geliefert. Damit konfrontiert, schweigt Martin B. ab sofort – und will nun doch einen Anwalt an seiner Seite: Bis dahin hatte er auf einen Rechtsbeistand verzichtet.

Im Mai 2022 wird Martin B. wegen zweifachen Mordes, eines Mordversuchs und eines versuchten Schwangerschaftsabbruchs von der Kölner Staatsanwaltschaft angeklagt. »In kalter Gesinnung« habe B. seinen Opfern »planmäßig das Gift verabreicht und in gefühlloser Gesinnung seinen Tatplan umgesetzt«, heißt es in der Anklageschrift. Die Gesamtschau seiner möglichen Taten lassen nach Überzeugung des Anklägers nur den einen Schluss zu: Der Krankenpfleger werde immer wieder morden, ist deshalb nach Überzeugung der Anklage »eine Gefahr für die Allgemeinheit«. Deshalb soll B. auch nach der drohenden Verhängung einer lebenslangen Freiheitsstrafe für immer weggeschlossen werden. »Sicherungsverwahrung« heißt das in der Juristensprache. Als Mordmerkmale nehmen die Ermittler Heimtücke und Grausamkeit an.

Als er am 19. September 2022 zum Prozessauftakt aus der Haft vorgeführt wird, ist der jungenhaft schlaksige Typ aus dem Internet mit dem verschmitzten Grinsen, der lässigen

Körperhaltung und den sorgfältig geföhnten Haaren nicht wiederzuerkennen. B. hat etliche Kilos zugelegt, bewegt sich schwerfällig, die schulterlangen Haare sind ergraut, streng zum Zopf zusammengebunden. Seine Miene ist unergründlich, die Haltung selbstbewusst. Während sich Angeklagte mit derartig schweren Vorwürfen in der Regel mit Mütze, Maske und einem Aktendeckel vor dem Gesicht zum Prozessauftakt in den Gerichtssaal wagen, hält es Martin B. genau andersherum: Mit durchgedrücktem Rücken und forschem Blick stellt er sich dem Blitzlichtgewitter der Pressefotografen.

Auf Anraten seiner Anwälte schweigt B. zu Prozessbeginn – und hält das sieben Monate lang durch. »Das Motiv wird wohl für immer ein Rätsel bleiben«, sind sich Prozessbeteiligte zu Beginn der mehrmonatigen Verhandlung über mögliche Beweggründe der vorgeworfenen Taten einig.

In einem Mordfall eine polizeiliche Vernehmung des Beschuldigten im Polizeipräsidium mit eigenen Augen zu erleben, ist für die Öffentlichkeit ein Novum. Weil Martin B. jedoch schweigt und seine mehr als sechsstündige Vernehmung in Wort und Bild aufgenommen wurde, wird im Gerichtssaal die Leinwand im Kinoformat heruntergefahren und die stundenlange Vernehmung abgespielt.

Mit einem Schokoriegel in der Hand hatte der Krankenpfleger im November 2021 im Vernehmungsraum Platz genommen: ohne sichtliche Nervosität, geradezu abgeklärt: »Ich finde das total surreal, was mir hier vorgeworfen wird«, kontert er gleich zu Beginn sämtliche Mordvorwürfe und verzichtet ausdrücklich auf einen Anwalt. »Ich liebe meine Frau immer noch, genau wie meine schwangere Freundin«, sagt er dann und zieht zum Beweis seine Brieftasche aus der Jacke, wo er Fotos beider Frauen ständig bei sich hat. »Wir kriegen übrigens ein Mädchen«, sagt er ungefragt, lächelt verzückt bei dem Gedanken an »unser Würmchen«, wohl wissend, dass zu diesem Zeitpunkt die Mutter und das noch ungeborene Kind in Lebensgefahr schweben.

Und er erinnert, wie schmerzvoll es für ihn gewesen sei, die schwangere Lebensgefährtin im Krankenhaus »sich windend vor Schmerzen« zu sehen, ohne ihr helfen zu können. Nach Einschätzung der Kripobeamten habe B. zunächst »mit Entrüstung« auf die schweren Vorwürfe reagiert, später habe er bei dem Beschuldigten »Verzweiflung« registriert, am Ende wurden offensichtlich sämtliche Register gezogen. Schluchzend hatte sich B. die Hände vor das Gesicht gehalten, als er von seiner vorläufigen Festnahme erfuhr, »doch es gab weder verweinte Augen noch Tränen«.

Seine Eltern berufen sich auf ihr Aussageverweigerungsrecht und bleiben dem Prozess fern. Sie waren im Vorfeld richterlich vernommen worden. Ihre Aussage gibt eine Richterin im Zeugenstand wieder. »Bitte sprechen Sie nicht mehr von meinem Sohn, sondern nennen Sie nur seinen Namen«, habe der Vater, ein pensionierter Sparkassen-Direktor, in »sachlich-nüchternem Ton« gegenüber der Juristin gefordert. Kindheit und Jugend des Sohnes seien »völlig normal« verlaufen. Deutlich emotionaler, ständig den Tränen nah, habe die Mutter reagiert: »Sie machte sich ständig Vorwürfe, gab sich die Schuld und stellte sich die Frage, was sie hätte anders machen können.«

Offensichtlich wuchs Martin B., der noch einen älteren Bruder hat, in behüteten Verhältnissen auf: »Wir waren für alle Freunde und Bekannte ein offenes Haus«, sagt die Mutter. Schon früh habe der Sohn davon geschwärmt, Pilot zu werden. Doch dafür hatte die Begabung nicht gereicht. Nach dem

Abitur wurden die Pläne zwar konkreter, »er war regelrecht besessen von der Idee, ein Flugzeug zu fliegen«. Die Mutter begleitete ihn zur Aufnahmeprüfung, doch er scheiterte. Ein Studium der Mechatronik folgte, später dann noch Maschinenbau.

Martin B. brach schließlich das Studium ab, ohne die Eltern darüber zu informieren. Die bezahlten weiter für das eigens für ihn gekaufte Appartement, das Auto und den Unterhalt – fünf Jahre lang, im Glauben, B. würde eifrig studieren. Dann erfuhren sie durch Zufall, dass er die Universität so gut wie nie von innen gesehen hatte. Stattdessen war seine neue Leidenschaft als erfolgreicher Amateur-Tänzer für ihn zum Lebensinhalt geworden. Die Tatsache, dass er die Eltern so lange belogen hatte, führte zum familiären Bruch, beide Seiten hatten jeglichen Kontakt abgebrochen.

Angst um sein Leben war die erste Reaktion, als der Vater im Dezember 2021 seine Aussage bei der Polizei machte. Da saß sein Sohn wegen zweifachen Mordes und eines Mordversuches bereits zwei Wochen in Untersuchungshaft. Der Rentner (69) traut seinem Sohn offenbar alles zu: »Wer eine alte Frau und sein Kind umbringt, der macht auch vor den eigenen Eltern nicht halt«, begründete der ehemalige Vorstandsvorsitzende einer Sparkasse seinen Verdacht, den er offen ansprach: »Ich hätte es für möglich gehalten, ebenfalls zum Opfer zu werden.« Sprach es und gab den Ermittlern eine Haarprobe mit der Bitte, sie auf Thallium zu untersuchen.

Der Senior ist in den letzten Jahren auf den Rollstuhl angewiesen, eine Nervenerkrankung. Er hatte seit zehn Jahren keinen Kontakt mehr zu seinem Sohn – bis auf einen Brief, mit dem Martin im Jahr 2017 seine Eltern zur Hochzeit mit Britta eingeladen hatte. Verbunden mit einem deutlichen Hinweis,

»die Vergangenheit doch ruhen zu lassen«. Was auch immer damit gemeint war, blieb im Prozess offen.

Der Brief könne ja mit Thallium kontaminiert gewesen sein, begründete der Vater seine Bitte um eine Laborprobe. Die Laboranalyse war negativ. Offensichtlich ist das Tischtuch zwischen Vater und Sohn zerrissen.

Wie tickt Martin B.? Die Versuche des Landgerichts, sich mithilfe von Zeugen aus dem Umfeld des Krankenpflegers ein Bild über seine Psyche und sein Motiv zu machen, gestalten sich schwierig. »Liebevoll, hilfsbereit, fürsorglich« sei er gewesen, erinnert sich Suse T., seine erste Ehefrau, an ihn. Die zierliche Altenpflegerin war 22, als sie Martin B. im Jahr 2010 über das Internet (friendscout 24) kennenlernte. Sie sei ihm rhetorisch unterlegen gewesen, er war anscheinend der dominante Part in der Ehe.

Er war sechs Jahre älter und noch in der Ausbildung. Bereits beim ersten Treffen war Suse hin und weg: »Es war Liebe auf den ersten Blick.« Sie kann nur Gutes über ihn berichten. »Wir hatten eine harmonische Zeit, sind viel gereist«. Die Hochzeitsreise 2011 ging nach Mexiko, finanziert von den Schwiegereltern. Ein Jahr später kriselte es, man trennte sich einvernehmlich, 2014 wurde das Paar geschieden.

»Es war kein Rosenkrieg«, unterstreicht die Ex: »Wir hatten uns einfach auseinandergelebt.« Allerdings sei sie schon irritiert gewesen, »wie schnell ich ausgetauscht wurde«. Sie habe gerade erst ihre Sachen gepackt, war aus der Wohnung ausgezogen: »Da stand schon die nächste Frau in der Tür.« Ein Beziehungsmuster, das sich bei Martin B. wie ein roter Faden durch sämtliche Partnerschaften zieht.

Auf Nachfragen kommen kritischere Töne: »Er war sehr

geizig.« Die Ausgaben des gemeinsamen Haushaltes kontrollierte er mit einer Excel-Tabelle. An anderer Stelle erwähnt die Altenpflegerin ein Detail, das Prozessbeteiligte aufhorchen lässt. Das Paar hatte sich ein Haustier angeschafft. Einen jungen Zwerghasen, der nach vier Tagen gestorben war. »Wir hatten insgesamt vier Hasen. Sie sind alle kurz hintereinander elendig verreckt.«

»Wollen Sie damit sagen, mein Mandant hat etwas mit dem Tod der Tiere zu tun?«, hakt die Verteidigung nach, um am Ende des Prozesses mit einem Beweisantrag sicherzustellen, dass Martin B. keine Schuld am Hasentod hat. »Wir beantragen, dass die sterblichen Überreste sämtlicher Hasen, darunter Heinz und Coco, ausgebuddelt und auf Giftstoffe untersucht werden.« Damit soll bewiesen werden, »dass die Hasen eines natürlichen Todes starben und nicht vergiftet wurden«.

Immerhin hatte die Aussage der Ex in der Öffentlichkeit für negative Schlagzeilen gesorgt: »Übte er das Töten an den Hasen?«, titelte der Boulevard.

Doch das Gericht winkt ab: »Diese Frage ist für den hier anstehenden Fall ohne Bedeutung und lässt keine zwingenden Schlüsse zu.«

Auch den Nachbarn des Krankenpflegers kommt kein böses Wort über die Lippen: »Er war immer stets hilfsbereit, zuvorkommend, freundlich.« Eine Kollegin, mit der B. im Krankenhaus zusammenarbeitete, ergänzt: »Er ist ein Mensch, der immer für einen da war, wenn man ihn brauchte.«

Wenige Wochen nach dem Tod der Ehefrau habe B. Hilfe bei einem Psychiater gesucht. »Er wollte wissen, wie er mit der Situation umgehen soll.« Der behandelnde Arzt notierte im Erstgespräch: »Er hat einen guten Umgang mit der Trauer.« Da hatte Martin B. bereits einen Urlaub geplant, auch Zukunftspläne geschmiedet: »Er wollte den Bootsführerschein machen.«

Während andere Patienten nach dem Tod eines nahen Verwandten am Boden zerstört sind oder in eine Klinik eingewiesen werden müssen, schien der Krankenpfleger guter Dinge: »Er machte einen gefassten Eindruck.« Für den Psychiater war die Lebensgeschichte seines Patienten »völlig unauffällig«.

»Er sprach von einem liebevollen Elternhaus, seinem schulischen Werdegang, Hobbys und erster Ehe. »Da war nichts Einschneidendes«, verneinte der Arzt im Zeugenstand jegliche möglichen Besonderheiten im Leben des Krankenpflegers. Aber der Mediziner betonte auch: »Ein Psychiater kann nur das feststellen, was das Gegenüber einem mitteilt, kann nicht in den Kopf gucken.« Nach dem Erstkontakt sei Martin B. lediglich dreimal – für jeweils eine Viertelstunde Sprechzeit – bei ihm gewesen: »Eine weitere Behandlung war nicht erforderlich, auch keine Medikamentenverordnung.«

Eine Patentante, zu der Martin B. offensichtlich als einziges Familienmitglied bis zuletzt regelmäßig Kontakt hatte, tritt am 18. Verhandlungstag in den Zeugenstand. Auf Antrag der Verteidigung. Mit ihrer Hilfe soll die Gefühlswelt des Angeklagten hinterfragt werden. Tatsächlich ergibt die rund einstündige Vernehmung der 83-Jährigen nicht wirklich Erhellendes. Als kleinen Jungen habe sie ihr Patenkind regelmäßig gesehen, dies habe sich in den letzten Jahren allerdings geändert. In großen zeitlichen Abständen habe er sich bei ihr zum Frühstück eingefunden. Geredet wurde dabei viel, über »Beruf, Hobbys, Freizeit, Urlaub«, aber tiefer gehende Gespräche über Befindlichkeiten, Gefühle, den Tod seiner ersten Ehefrau, oder den angeblich so sehnlichen Kinderwunsch gab es nicht – Fehlanzeige.

Die Einladung zur kirchlichen Hochzeit der zweiten Ehe hatte die Seniorin abgelehnt. »Ich fühlte mich als Ersatz für seine Eltern, die keine Einladung erhalten hatten, das wollte ich nicht«, begründete die Seniorin ihr Nichterscheinen.

Die Eltern hätten Martin B. »behütet« erzogen. Was sie darunter verstehe, erklärte die Zeugin so: »Er sollte ein gut erzogener Junge werden.« Die Patentante bezeichnete ihn als »sympathischen, aufgeschlossenen, liebevollen, ausgeglichenen Menschen«. Von seiner Inhaftierung und den Mordvorwürfen habe sie erst erfahren, als er sie aus der Untersuchungshaft anrief. »Ich kann es nicht glauben«, sagte sie zu den Anklagevorwürfen.

Bei den Eltern sei Martin »kein Thema mehr«. Warum nicht? »Wir wollen keinen Tratsch in der Familie«, antwortete die Seniorin mit verkniffener Miene.

Auf Antrag der Verteidigung wurde auch der einst beste Freund und dessen Ehefrau in den Zeugenstand gerufen. In der Hoffnung, ihren Mandanten positiv dastehen zu lassen. Ein Eigentor. Während Martin B. in früheren Beziehungen stets der dominante Part, »der Mann mit der starken Schulter« gewesen sei, habe sie ihn im Zusammenleben mit der verstorbenen Gymnasiallehrerin ganz anders erlebt.

»Sie war dominant, kontrollierend, er machte alles, was sie wollte, ich hatte nie den Eindruck, dass er sie liebt.« Zum Beweis für ihre Einschätzung nannte die Zeugin Beispiele: »Er färbte sich auf ihren Wunsch die Haare, ging auf die Sonnenbank, kleidete sich komplett in einem völlig anderen Stil als früher.« Ihre Beobachtungen schloss sie mit den Worten: »Er hat sich seiner zweiten Ehefrau regelrecht unterworfen.«

»Dafür musste sie sterben«, bemerkte der Anwalt, der die Eltern der Verstorbenen vertritt, dazu am Rande des Prozesses.

Vier Monate nach Prozessbeginn bricht Martin B. erstmals sein Schweigen und nimmt schriftlich Stellung zu den Mordvorwürfen. Mit einem Brief an seine Mutter. Das Schreiben wird vom Gericht beschlagnahmt, darin beteuert er seine Unschuld und schreibt: »Ich habe das nicht getan, was man mir vorwirft. Du brauchst Dir also keine Schuld geben.« Damit geht er auf die Aussage seiner Mutter ein, die sich im Ermittlungsverfahren schwere Vorwürfe gemacht hatte, nicht schon viel früher auf ihren Sohn nach dem Kontaktabbruch zugegangen zu sein und so möglicherweise das Geschehen habe aufhalten können.

Auch an Theres und deren Mutter schreibt B. aus der Untersuchungshaft: »Ich bin erschüttert, dass du mir so was zutraust«, entrüstet er sich gegenüber seiner Schwiegermutter. Und weiter: »Ich dachte, Du vertraust mir und es schmerzt mich zutiefst, wie Du jetzt von mir denkst.« Und er wirbt um Mitgefühl: »Ich sitze hier in einer kleinen Zelle und möchte einfach nur nach Hause, um Theres in den Arm zu nehmen und mitzubekommen, wie unsere kleine Tochter das Licht der Welt erblickt.«

Gegenüber Theres, die zu dem Zeitpunkt noch schwanger ist und in der Klinik um ihr Leben kämpft, gibt er sich hoffnungsfroh: »Es wird sicher alles gut werden, mach dir um mich keine Sorgen.« Und er beteuert erneut seine Unschuld: »Ich hoffe so sehr, dass sich alles aufklärt. Niemand weiß besser als du, dass ich dir niemals etwas zu leide tun könnte. Ich liebe dich so wahnsinnig. Du bist nach Brittas Tod mein persönliches Wunder und ich wünsch mir nichts lieber, als wieder nach Hause zu kommen, um an deiner Seite zu sein.«

Die vernichtende Expertise des psychiatrischen Sachverständigen zeigt beim Angeklagten am Ende des Prozesses Wirkung: Er will reden, aber nur mit dem Gutachter. Der Psychiater hatte zuvor – immer vorausgesetzt, die Anklagevorwürfe würden sich als wahr erweisen – den Angeklagten als Hangtäter bezeichnet, der auch in Zukunft töten würde, und sich deshalb für eine Sicherungsverwahrung ausgesprochen.

»Weder in der Kindheit noch im Lebenslauf gab es Hinweise auf eine frühe Persönlichkeitsstörung oder gar ein Trauma«, so der Gutachter und attestiert dem Krankenpfleger »strafrechtlich uneingeschränkte Verantwortlichkeit«. Kindergarten, Schule, Abitur, Zivildienst, abgebrochene Studiengänge, Ausbildung, schließlich die Abnabelung vom Elternhaus: »Da ist nichts Pathologisches in der Entwicklung«, somit keine Grundlage für die Annahme einer verminderten oder gar aufgehobenen Schuldfähigkeit. Bereits zuvor hatte eine weitere Psychiaterin dem Angeklagten narzisstische Züge unterstellt. Die Rede war unter anderem von einem enormen Geltungsdrang, Egozentrik, mangelnde Empathie und die Tendenz zu manipulieren.

Allerdings schränkte der Psychiater ein: Nur »eine ausführliche Exploration, also ein mehrstündiges Gespräch und die Auswertung einer Vielzahl von Persönlichkeitstests«, könnten eine endgültige und möglicherweise anderslautende Bewertung der Persönlichkeit des Angeklagten hinsichtlich seiner Schuldfähigkeit ergeben.

Doch auch ein sechsstündiges Gespräch mit dem Gutachter, zu dem sich der Angeklagte daraufhin überraschend bereit erklärte, führte zu keinem anderen Ergebnis: »Es gibt keinerlei Hinweise für psychisch relevante Auffälligkeiten«, wiederholte der Sachverständige seine Einschätzung.

»Die Anklage ist verrückt. Ich bin in keiner Weise an der Vergiftung beteiligt«, habe der Krankenpfleger ihm gegenüber beteuert. Für das in seiner Jacke gefundene Thallium habe der Angeklagte die Täterschaft eines unbekannten Dritten in den Raum gestellt und sybillinisch erklärt: »Die Jacke hatte ich schon längere Zeit nicht mehr getragen. Wer weiß, wo da noch im Haus Thallium herumfliegt.« Konkret auf seine Täterschaft angesprochen, kam zur Antwort: »Ich bin nicht der Täter, kann dazu nichts sagen.«

Dass er über Jahrzehnte in regelmäßigen Abständen die Dienste von Prostituierten in Anspruch nehme – sogar zu dem Zeitpunkt, als seine schwangere Freundin in akuter Lebensgefahr im Krankenhaus lag –, begründete Martin B. mit seinem Interesse an »anonymer Sexualität«. Wichtig sei ihm dabei gewesen, »nicht kommunizieren zu müssen«. Er habe es genossen, »aber hinterher habe ich mich immer geschämt«.

Ein weiterer Gutachter hatte den Krankenpfleger auf mögliche klinische Persönlichkeitseinschränkungen hin untersucht. Der Psychologe attestierte B. eine »durchschnittliche Intelligenz (118), nannte ihn »aufmerksam, konzentriert, geistig flexibel, zugewandt und auskunftsbereit«. Auch er verneint »krankheitsbedingte psychische Auffälligkeiten«.

Bereitwillig hatte der Angeklagte dem Psychologen seine Zeit hinter Gitter beschrieben: »Ich habe mich hier gut eingerichtet.« Um sich fit zu halten, übe er in seiner Zelle mit einer imaginären Tanzpartnerin Tanzschritte, praktiziere Yoga, meditiere und lese viel, »sehr gerne Krimis«. Nach Auswertung von mehr als tausend Fragen verschiedener Persönlichkeitstests sprach der Gutachter von einer »psychisch weitgehend ausgeglichenen, widerstandsfähigen Persönlichkeit«.

Der Mann sei in Sozialkontakten »zurückhaltend und reserviert« und zeichne sich durch »Gradlinigkeit, Gutmütigkeit und Kooperationsbereitschaft aus«. Martin B. habe sich von einer »liebenswürdigen, freundlichen und interessierten Seite« gezeigt. Auffällig sei lediglich seine »Stressimmunität«. Wo andere längst in Angst und Panik gerieten, reagiere Martin B. »ruhig, gelassen und abgeklärt«.

Wie sich diese Eigenschaft mit dem Bösen, Sadistischen, Heimtückischen in Einklang bringen lassen, von denen in der Anklage die Rede ist, dazu zuckte der Gutachter nur ratlos die Schulter. Der psychiatrische Gutachter dagegen hatte eine Antwort: »Es ist die dunkle Seite des Angeklagten.«

Was er damit meinte? »Geprägt von einer rücksichtslosen und sadistischen Seite, hat der Angeklagte in voller Schuldfähigkeit und Verantwortung gehandelt.«

Der Prozess läuft Ende April nun bereits doppelt so lange wie ursprünglich terminiert und hat beim Angeklagten auf einmal zum Umdenken geführt. Die Indizienlage scheint eindeutig, die Beweisaufnahme so gut wie am Ende, da sorgt der Krankenpfleger am 25. Verhandlungstag mit der Verlesung einer 65-seitigen handschriftlich verfassten Erklärung für Fassungslosigkeit und Entsetzen bei den Angehörigen.

Länger als zwei Stunden benötigt Martin B., um immer wieder mit immer neuen Ansätzen seine Unschuld zu dokumentieren. Er sieht sich auch als Opfer, Opfer der Verfolgungswut der Staatsanwaltschaft, denn: »Ich habe Fehler in meinem Leben gemacht, aber ich habe nie jemanden ermordet, ich bin kein Monster.«

Nach seiner Aussage ist der Tod seiner Ehefrau die Folge eines freiwilligen, selbst gewählten Suizids, die Großmutter und die damals schwangere Exfreundin sollen unfreiwillig Opfer eines schrecklichen Giftunfalls gewesen sein. Noch einmal zur Erinnerung: In der Jackentasche des Krankenpflegers hatten Ermittler eine Dose mit Thallium und eine Einmalspritze mit Kaliumchlorid und Rattengift gefunden, auf seinem Rechner eine Mail, in der er 25 Gramm Thallium bestellt hatte. Das Schreiben trug den Briefkopf seines Arbeitgebers. Geliefert wurde das Gift an seine Privatadresse.

Britta, die verstorbene Ehefrau, habe die ewigen Schmerzen und Beeinträchtigungen durch die nachgewiesene Laktoseintoleranz und Histamin-Unverträglichkeit damals nicht mehr aushalten können und ihren Ehemann deshalb gebeten, ihr Thallium zu besorgen. »Aus Angst vor jahrelangem Leiden und Siechtum als Pflegefall« habe Britta sich zum Selbstmord entschlossen.

Warum ausgerechnet mit Rattengift? Das hatte sie »aus einem Kriminalroman«. Sie habe ihn inständig angefleht: »Sag auch nichts den Ärzten.« Dass sie freiwillig aus dem Leben scheide und nicht anders könne, habe sie dann auch noch in einem an ihn gerichteten Brief dargelegt und das Schriftstück im Tresor hinterlegt. Erst nach ihrem Tod habe er davon Kenntnis erlangt und den Brief, der ihn eigentlich hätte entlasten können, am Grab der Verstorbenen »symbolisch verbrannt«.

»Ich wollte ihr Geheimnis bewahren, es mit ins Grab nehmen«, doch der Seelsorger der Justizvollzugsanstalt habe ihn eines Besseren belehrt: »Sie haben sich bei der Eheschließung geschworen, in guten wie in schlechten Zeiten füreinander da zu sein. Diese Situation jetzt hätte Ihre verstorbene Ehefrau nicht gewollt.«

Auch für die Todesspritze in seiner Jackentasche hatte er eine Erklärung. Als Hygienefachwirt sei er für Online-Schulungen der Mitarbeiter zuständig gewesen. Im Rahmen des Unterrichts habe er die Spritze mit dem Kaliumchlorid genutzt, um das Experiment farblich besser durchführen zu können. Warum er nicht etwa Kaffee, Tee oder Rotwein genommen habe, um das Experiment bildlich besser darzustellen – denn Kaliumchlorid ist farblos –, darauf blieb Martin eine Antwort schuldig.

Im Fall der schwangeren Expartnerin und deren Großmutter habe sich im Hause der Seniorin nach dem Ausräumen des Kellers »jede Menge Dosen mit Gefahrengut-Kennzeichnung« befunden. Bereits in früheren Ermittlungen hatte der Krankenpfleger den Verdacht geäußert, dass in dem Haus »jede Menge Thallium herumfliegt«. Demnach sollen sich sowohl seine Exfreundin als auch die Seniorin unfreiwillig mit dem Gift infiziert haben. Warum er selbst hingegen davon verschont blieb, obwohl er mit seiner Freundin dort lebte, darauf gab es ebenfalls keine Antwort.

Während der mehr als zweistündigen Verlesung war den Prozessbeteiligten auf der gegnerischen Seite die Ungläubigkeit und Fassungslosigkeit angesichts des Gesagten deutlich anzusehen: »Das ist so unglaublich absurd, ich neige zur Bewunderung, sich so etwas ausdenken zu können«, entfuhr es einer Anwältin auf der Nebenklageseite.

Bevor er mit seiner groß angelegten Unschuldsthese anhob, hatte der Krankenpfleger noch einmal seine »wohlbehütete Kindheit« thematisiert, dabei auch eine mögliche Traumatisierung durch sexuelle Übergriffe eines Großvaters angedeutet. Seine Eltern hätten ihn damals als kleines Kind darauf angesprochen, aber: »Ich vermochte mich an nichts zu erinnern.«

Mit salbungsvollen Worten erinnerte der Krankenpfleger seine Zivildienstzeit in einem Hospiz und Krankenhaus. »Menschen in einem Sterbeprozess zu begleiten lag mir besonders am Herzen.« Der Umgang mit Trauerarbeit habe für ihn den Ausschlag gegeben, sich für einen Beruf im Gesundheitsbereich zu entscheiden.

Für das Gericht schien an diesem Zeitpunkt der Fall klar: »Wir haben keine Fragen mehr. Könnten die Beweisaufnahme schließen.« Doch da hatte die Kammer die Rechnung nicht mit der Verteidigung gemacht. Die Anwälte kündigten nach einer mehrwöchigen Pause die Vorlage mehrerer Beweisanträge an.

Und erneut wird ein Ermittlungsfehler offensichtlich. Eine Dose mit Thallium lag schon seit November 2021 auf dem Küchenschrank im Haus der inzwischen verstorbenen Seniorin. Bei der Wohnungsdurchsuchung hatte die Polizei die Dose übersehen. Der Angeklagte hatte in seiner schriftlichen Einlassung die Dose erwähnt mit dem Hinweis, auf der Suche nach einer Glühbirne habe er seinerzeit das Gift entdeckt. Nach seiner Überzeugung hatten die Senioren immer wieder im Haus mit Ungeziefer zu tun und dagegen das Rattengift im Haus.

»Man hätte die Dose sicher finden können«, antwortet der leitende Ermittler am 28. Verhandlungstag betreten auf die Frage, warum das Gift erst jetzt entdeckt wurde. Und zwar nicht von der Polizei, sondern vom Stiefvater des zweiten Opfers. Dem pensionierten Lehrer hatte es nach der schriftlichen Aussage des Krankenpflegers keine Ruhe gelassen, und er hatte sich mit Mundschutz und Handschuhen in das versiegelte Haus begeben, prompt das Gift auf dem Küchenschrank gefunden, versteckt in einem Karton für Glühbirnen.

Eine daktyloskopische Untersuchung ergab: »Keine Fingerabdrücke, aber DNA des Angeklagten«, bestätigte ein LKA-Beamter. Der Krankenpfleger sprach daraufhin von einem Komplott: Die Opferfamilie habe ausreichend Zeit gehabt, sämtliche Fingerabdrücke verschwinden zu lassen, um seine DNA zu platzieren. Auch stamme das jetzt sichergestellte Thallium – laut LKA ist es nahezu identisch mit dem Gift aus der Jackentasche des Angeklagten – nicht aus seinem Besitz.

Und zum Beweis, dass die inzwischen verstorbenen Senioren sich mit Rattengift gegen Ungeziefer im Haus zu helfen wussten, soll nun noch einmal die Pflegerin der alten Leute in den Zeugenstand gerufen werden. Die 73-jährige Frau reiste von einem Tag auf den anderen aus Polen an und – widersprach. »Weder gab es in dem Haus Ungeziefer noch habe ich jemals Rattengift gesehen«, beteuerte die Pflegerin. Ihr Auftritt hatte keine zehn Minuten gedauert, ihre An- und Abreise von Polen hingegen dauerte zwei Tage.

Mit einem weiteren Beweisantrag der Verteidigung ruft das Gericht zuletzt einen Friedhofsgärtner in den Zeugenstand. Martin B. hatte behauptet, seine Ehefrau habe im Tresor des gemeinsamen Haushaltes einen Brief hinterlegt, in dem sie die Beweggründe für ihren Freitod darlegte. Dieses Schriftstück habe er wenige Wochen nach ihrem Suizid an ihrem Grab verbrannt: »Ich wollte, dass sie unser Geheimnis mit ins Grab nimmt.«

Dabei beobachtet haben soll ihn ein Friedhofsgärtner. Der Mann sei herbeigeeilt und habe ihn angewiesen, das Feuer zu löschen. »Daraufhin bin ich zusammengebrochen und habe ihm erzählt, dass sich meine Frau umgebracht hat.«

Doch im Zeugenstand sitzt der falsche Gärtner: »Ich habe diesen Mann noch nie gesehen«, sagt der Zeuge. Und auch die Verteidigung stellt klar: »Unser Mandant kennt diesen

Mann nicht.« Es gibt offensichtlich mehrere Friedhofsgärtner, und zwei Stunden später hat das Gericht Gärtner Nummer zwei als Gegenüber. Aber auch er kennt Martin B. nicht, auch habe er zu keinem Zeitpunkt vom Angeklagten einen Auftrag zur Grabpflege erhalten. So hatte es B. zu Protokoll gegeben. Wieder eine Lüge.

Der Ankläger plädiert schließlich wegen zweifachen Mordes, eines Mordversuches und eines versuchten Schwangerschaftsabbruchs auf lebenslange Haft, beantragt die Feststellung der besonderen Schwere der Schuld mit anschließender Sicherungsverwahrung. Der Ankläger ist überzeugt: Martin B. wird es wieder tun. Er sei ein Hangtäter und würde – wieder in Freiheit – erneut morden. Deshalb soll der Krankenpfleger nie mehr auf freien Fuß kommen.

Und so kommt es auch. An Tag 33 des Prozesses ist das Gericht am 3. Juli 2023 überzeugt, dass der Angeklagte die Taten begangen hat. Nach dem Urteil – das genau so ausfällt, wie der Staatsanwalt beantragt – kommt Martin B. nie mehr in Freiheit. »Wir haben Sie als einen freundlichen, höflichen, aufmerksamen Angeklagten kennengelernt«, sagt die Richterin und ergänzt im gleichen Atemzug: »Sie haben auch eine sadistische, perverse und grausame Seite.« Martin B. verfüge über eine »sehr gute Impulskontrolle« und sei deshalb »ein extrem gefährlicher Serienmörder«. Seine zuletzt angeführte Unschuldsthese – der Suizid der Ehefrau und der unfreiwillige Unfall der schwangeren Freundin – bezeichnete das Gericht als »komplett absurd«.

Zuvor hatten die Anwälte der Opferfamilien mit eindringlichen Wochen noch einmal an die Qualen der Angehörigen erinnert: Martin B. habe »eine Schneise der Verwüstung im

Leben unserer Mandanten hinterlassen«. Sein Kollege ergänzte: »Wir hatten es mit einem eiskalten Mörder zu tun«.

Deutliche Kritik übte die Strafkammer am Vorgehen der Düsseldorfer Ermittler, die nach dem Tod des ersten Opfers trotz eindeutiger Laboranalyse »nicht mit entsprechendem Nachdruck« gehandelt hätten. Der zweiten Opferfamilie wäre viel Leid erspart geblieben. Das lasche Vorgehen der Ermittler bezeichnete die Richterin als »rechtlich unvollständig und nicht nachvollziehbar«. Martin B. sei ein »brandgefährlicher Serientäter«, der »nach außen seine Opfer liebevoll in den Tod begleitet hat«.

Die Verteidiger hatten einen Freispruch beantragt, »da es alternative Zweifel gibt und kein Motiv«. Für die Zeit der Untersuchungshaft forderten sie für ihren Mandanten 43350 Euro Haftentschädigung. Das Gericht hatte den Opferfamilien 170000 Euro Schmerzensgeld zugesprochen. Das Urteil ist noch nicht rechtskräftig. Die Verteidigung hat bereits Revision vor dem Bundesgerichtshof angekündigt.

# ÜBLE MISSETATEN
VOR DEM AMTSGERICHT

# BASECAP

Die Basecap sitzt wie angewachsen, als Tarek M. (25, Name geändert) sich schleppenden Schrittes auf den Weg macht: Sein Ziel ist Sitzungssaal 21 im Kölner Amtsgericht. Dort wartet ein Platz auf der Anklagebank auf den offensichtlich schlecht gelaunten jungen Mann.

Das schlabbrige T-Shirt hängt über der ausgebeulten Hose, betont gelangweilt schlurft M. in den Saal, und man glaubt seinen Ohren nicht zu trauen, als der junge Mann mit der kräftigen Statur seine einzige Sorge deutlich vernehmbar für alle kundtut: »Meine Haare liegen heute überhaupt nicht gut.« Die Bitte der Verteidigerin, die Kopfbedeckung abzunehmen, weil das in einem Gerichtssaal so üblich sei, wird von ihm ignoriert. »Was habe ich mit der Würde des Gerichts am Hut?«, murmelt er trotzig vor sich hin. Die Kopfbedeckung bleibt, wo sie ist. Die von seiner Anwältin angesprochene Benimmregel wischt er unbeeindruckt vom Tisch.

Da hat er die Rechnung allerdings ohne die Vorsitzende Richterin gemacht. Sie nimmt kein Blatt vor den Mund und spricht energisch Klartext. »Wir sind hier nicht in einem Schönheitssalon.« Dabei macht ihr forscher Ton die Musik.

Tarek M. schaut gequält unter dem Schirm seiner Kopfbedeckung hervor. Er realisiert schließlich, dass er keine Chance hat, und agiert gleichwohl in Zeitlupe: Mit übertriebener Vorsicht hebt er die Mütze vom Kopf, richtet mit beiden Händen noch einmal sorgfältig die ohnehin akkurat gegelten Haare, legt Strähne für Strähne zur Seite, bevor die Staatsanwältin die Anklage verliest.

Ein respektvoller Auftritt vor Gericht, geschweige denn Regeln akzeptieren im Umgang miteinander – damit ist es bei Tarek M. offenbar nicht weit her.

Im Sommer vergangenen Jahres soll Tarek M. seiner jüngeren Schwester Cilan, die wie er in der Türkei geboren ist, übel mitgespielt haben. Die junge Frau mit den falschen Wimpern, der Löwenmähne und den knallengen Jeans hat verschüchtert neben ihrer Mutter im Saal Platz genommen. Sie reagiert folgsam auf die Anweisungen, die der Bruder mit herrischer Gestik gibt. Der barsche Ton in der gemeinsamen Muttersprache ist dabei unüberhörbar und duldet keinen Widerspruch.

Cilan M. wollte damals nur schwimmen gehen, ins nächste Freibad, als der Angeklagte laut Anklage ausrastete und die Schwester »würgte, bis sie keine Luft mehr bekam«. Die Verhaltensweisen der Jüngeren passten ihm nicht: »Sie waren ihm zu westlich orientiert«, steht in den Akten. Später – die Verhandlung ist längst vorbei – stellt sich heraus, dass der angeklagte Tarek M. folgsam gehandelt hat, weil die Mutter den Sohn darum gebeten hatte. Thematisiert wird das im Gerichtssaal nicht. Aus gutem Grund, wie sich nach der Anklageverlesung herausstellt.

Mit Händen und Füßen um sich schlagend, gelang der jungen Frau am Tattag die Flucht. Sie stürmte aus der Wohnung, der Bruder hinterher. Er folgte ihr, hatte beim Verlassen der Wohnung noch schnell einen Teleskopstab gegriffen. Der Schwester gelang die Flucht bis zum Kiosk an der nächsten Ecke. Dort schloss sie sich auf der Toilette ein. Vergeblich donnerte der Bruder an die Tür und forderte sie auf, herauszukommen.

Geistesgegenwärtig hatte die Schwester auf der Flucht ihr Handy mitgenommen und rief noch von der Toilette aus die Polizei an. Die Beamten befreiten sie wenig später aus ihrem selbst gewählten Gefängnis und riefen beim Anblick der malträtierten und völlig aufgelösten Frau einen Krankenwagen. Der fuhr sie ins nächste Krankenhaus. Dort schrieben die Ärzte ins Krankenblatt: »Es befinden sich ausgeprägte Würgemale am Hals der Patientin.«

Tarek M. erhielt wegen Körperverletzung einen Strafbefehl über 1125 Euro (75 Tagessätze zu je 15 Euro). Der Justiz war er kein Unbekannter. Bereits als Jugendlicher hatte er 2014 vom Landgericht Landshut wegen schweren Raubes eine Haftstrafe von knapp vier Jahren kassiert. Danach hatte er sich wegen Beleidigung und Körperverletzung eine Geldstrafe eingehandelt. Insgesamt zehn Eintragungen listet das Bundeszentralregister mit seinem Namen.

Doch vor Gericht kommt er gleichwohl – für Insider wenig überraschend – mit einem Freispruch davon. Sein Einspruch gegen den Strafbefehl ist erfolgreich. Denn seine Schwester weigerte sich, gegen den eigenen Bruder auszusagen. Ob sie das aus freien Stücken tut oder dem Familienfrieden zuliebe, darüber ließe sich spekulieren. Als unmittelbare Angehörige hat sie jedenfalls ein Zeugnisverweigerungsrecht. So steht es im Gesetz. Auch Tarek M. schweigt auf Anraten seiner Verteidigerin.

Da hat dann auch die Anklagevertreterin schlechte Karten: »Angesichts dieser Beweislage kann die Tat nicht nachgewiesen werden«, begründet die Staatsanwältin ihre Forderung nach einem Freispruch. Die Richterin sah das genauso:

»Diesen Ausgang des Verfahrens hatte ich schon beim Aktenstudium befürchtet«, merkt sie an, bevor sie den Freispruch aktenkundig macht.

»Wir haben keine Zeugen, da ist ein Freispruch das einzig Mögliche«, sagt sie bei der Urteilsverkündung. »Ich wünsche Ihnen für die Zukunft, dass Sie sich gut mit Ihren Geschwistern verstehen«, gibt sie dem Angeklagten noch mit auf den Weg. Der schlurft daraufhin kommentarlos aus dem Saal, mürrisch wie zu Beginn, obwohl er doch einen Sieg davongetragen hat. Als erste Amtshandlung wird die Kopfbedeckung wieder aufgesetzt.

# SCHOKOKUCHEN

Jonas B. lebt auf der Straße, von der Hand in den Mund. Und wenn ihm ein Kumpel ein nicht ganz legales Geschäft vorschlägt, bei dem ein paar Euro als Beute winken, ist er dabei. So war es auch an jenem Augustnachmittag, als Jonas mit seinem solchen Kumpel sich in einen Kölner Vorort begab, wo ein freistehendes Einfamilienhaus neben dem anderen steht, mit bunten, blumengeschmückten Vorgärten, sauber gefegten Straßen, keine Menschenseele weit und breit.

Der Kollege hatte ein Haus sofort im Blick. Die Rollläden waren heruntergelassen, das Haus machte zwar einen gepflegten, doch gleichwohl verlassenen Eindruck. So war es auch. Behände schoben die Täter die Jalousien hoch, griffen sich einen Pflasterstein und schlugen damit die Fensterscheibe ein. So gelangten sie ins Innere.

Einmal im Haus, packten sie in die mitgebrachten Taschen alles, was sie greifen konnten: einen Thermo-Mix, zwei Mobiltelefone, diverse Elektronikgeräte, vierzig (!) T-Shirts und einen Staubsauger. Die Anklage beziffert den Gesamtwert des Sachschadens auf rund 13000 Euro. Die beiden handelten zügig und verfrachteten die voll bepackten Tüten und Taschen in den Pkw, den sie vor der Haustür abgestellt hatten.

»Die Wohnung war bis auf die Möbel nahezu leergeräumt,

sogar die Zahnbürsten aus dem Badezimmer fehlten«, empörte sich der geschädigte Hausbesitzer im Zeugenstand.

Doch dann beging zumindest Jonas einen entscheidenden Fehler, denn der Hunger hatte ihn übermannt. Er war bereits seit Monaten obdachlos, lebte im Wald in einem Zelt, der Freund hatte ihn hin und wieder mit dem Nötigsten versorgt. Jonas hatte also Hunger, dieses Gefühl war schon seit Langem bei ihm an der Tagesordnung. Zumal er kurz vor der Tat erst aus der Strafhaft entlassen worden war, keine Bleibe hatte, kein Geld und auch kein Job in Aussicht.

Der frisch gebackene Schokoladenkuchen auf der Anrichte war für ihn zu verlockend – und der entscheidende Fehler nahm seinen Lauf. Jonas griff sich ein großes Stück Kuchen und hinterließ so auf der Glasur seine Fingerabdrücke.

Und die waren bereits wegen der aktenkundigen Straftaten in der polizeilichen Datenbank erfasst. Es war also ein Leichtes, Jonas zu überführen. Im Gegensatz zu seinem Kumpel, der auch im Gerichtssaal unerkannt blieb. Ganovenehre! Angeblich kannte Jonas nur den Vornamen, wie das in seinen Kreisen so üblich sei.

Sein Vorstrafenregister wies ein gutes Dutzend Eintragungen auf, alles kleinkriminelle Straftaten. Immer wieder war Jonas zum Bewährungsversager geworden, er war daher mehr als hafterfahren. Sowohl die Anklage als auch das Gericht sahen deshalb keine Chance auf Bewährung: Jonas wurde zu einem Jahr und acht Monaten Freiheitsstrafe verurteilt. Im Gefängnis ist sein täglich Brot gesichert.

# NOTFALL IM KREISSSAAL

Wie viele Kinder mit ihrer Hilfe das Licht der Welt erblickt haben, kann Kinderkrankenschwester Doris W. (61) nicht sagen. In ihren einundvierzig Berufsjahren auf der Wöchnerinnen-Station eines Kölner Krankenhauses müssen es Tausende gewesen sein. Von daher war ihr mehr als bewusst, dass werdende Väter mitunter die reinsten Nervenbündel sein können und alles andere als entspannt sind.

Was ihr allerdings im November 2018 auf der Neugeborenen-Station widerfuhr, sprengte ihren bisherigen Erlebnishorizont – und wurde Thema in einem Strafprozess wegen Beleidigung vor dem Amtsgericht. Es war ein besonders stressiger Tag, ein Samstag noch dazu, es fehlte Personal, es gab Notfälle, und im Kreißsaal standen mehrere Kaiserschnittgeburten an. »Es war deutlich viel mehr als sonst, alles andere als normal, wie ich es selten erlebt habe«, erinnerte sich Doris W.

Ärzte und Krankenschwestern hätten »mehr als alle Hände voll zu tun gehabt«, schilderte die Krankenschwester die Hintergründe am Tattag. Zumal die Entlassung von mehreren Wöchnerinnen anstand, die alle noch auf ihre gynäkologische Abschlussuntersuchung warten mussten, bevor die Entlassungspapiere ausgehändigt wurden. Eine von ihnen war Ayshe T., die vier Tage zuvor per Kaiserschnitt von einer Tochter entbunden worden war. Der Vater des Kindes, Mohamed T., war mit dem älteren Geschwisterkind gekommen, um Mutter und Kind abzuholen – und mit der Situation offensichtlich heillos überfordert.

Denn es dauerte. Ayshe T. klagte über Schmerzen, die für den Vormittag geplante Abschlussuntersuchung ließ auf sich warten. »Alle mussten warten, weil die Ärzte bei Notfällen im Kreißsaal genug zu tun hatten«, erinnerte sich Doris W. an den Tag, an dem sie mit Mohamed T. aneinandergeriet. Er fühlte sich und seine kleine Familie schlecht behandelt, mutmaßte gar Rassismus und schimpfte lauthals über die seiner Meinung nach viel zu lang andauernde Situation.

»Wir sind Angehörige eines Mangelberufs und haben es nicht verdient, derart behandelt zu werden«, entgegnete die Krankenschwester dem immer lauter werdenden Vater. Der Streit eskalierte: »Schlampe, Hure!«, rief Mohamed T. der Krankenschwester erbittert hinterher. Ein Spuckversuch ging ins Leere, auch eine angedeutete Ohrfeige verfehlte gottlob ihr Ziel.

Doris W. kann auch heute noch nicht verstehen, warum der Berufskraftfahrer derart ausrastete: »Ich gab ihm Schmerzmittel für seine Frau, habe noch ein Fläschchen fürs Baby mitgegeben und immer wieder um Verständnis für die lange Wartezeit gebeten. Wir wollen, dass die Patientinnen mit einem guten Gefühl nach Hause gehen.«

Doch der Vater will von alldem nichts wissen. Auf der Anklagebank erinnert er sich detailliert an die Auseinandersetzung, allerdings bestreitet er die Beschimpfungen und Beleidigungen. Staatsanwältin und Richterin sind jedoch überzeugt, dass es sich so abgespielt hat, wie von Doris W. geschildert.

Zwar habe sich der Vater in einer »Ausnahmesituation« befunden und sich und seine Frau »wahnsinnig ungerecht behandelt« gefühlt, heißt es strafmildernd im Urteil. Andererseits: »Wir alle haben sicherlich schon mal in einem Krankenhaus warten müssen. Das ist dann eben so und muss hingenommen werden«, sagt die Anklägerin. Sie forderte 700 Euro Geldstrafe, die Richterin folgt ihr: »Es geht nicht an, dass ausgerechnet jene, die einen derart harten Job machen, sich auch noch beschimpfen lassen müssen«, begründet sie ihr Urteil. Auf dem Gerichtsflur entschuldigt sich Mohamed T., der auf der Anklagebank noch uneinsichtig und wütend agiert hat, tränenreich mit einer Umarmung – und Doris W. nimmt die Entschuldigung an.

# BOX ODER BOMBE?

Ismael M. ist ein Mann mit profunden Deutschkenntnissen. Die deutsche Sprache kommt ihm fließend über die Lippen, obwohl er erst ein paar Jahre in Deutschland lebt.

Wenn der einunddreißigjährige Informatiker aus Eritrea spricht, ist der Zuhörer voll der Bewunderung ob der präzisen Ausdrucksweise und der korrekten Grammatik. Nur sein Akzent macht es ab und an schwierig, ihn zu verstehen. Gerät er in Wallung, wenn er sich aufregt, wird die Kommunikation zusätzlich erschwert, trotz akribischer Wortwahl.

Ein nicht unwesentlicher Aspekt, der im Gerichtssaal offenkundig wird und für den Prozessausgang von Bedeutung ist. In Saal 32 des Kölner Amtsgerichts muss Ismael M. wegen »Störung des öffentlichen Friedens« auf der Anklagebank Platz nehmen. Noch bevor die Anklage verlesen wird, betont M., was ihm ganz wichtig ist: »Ich lebe seit mehr als fünf Jahren in Deutschland, habe mich stets korrekt verhalten und bin nie mit dem Gesetz in Konflikt geraten.«

Hat M. am Telefon nun von einer »Paketbombe« gesprochen, die er zuschicken wollte, oder war lediglich von einer »Box« die Rede, die an den Empfänger zurückgehen sollte? War also alles nur ein Missverständnis? Das ist die entscheidende Frage in dem Prozess, in dem eine Verurteilung zunächst wahrscheinlich scheint.

Der Mitarbeiter eines Internet-Anbieters hatte es jedenfalls mit der Angst zu tun bekommen, als er den höchst erregten M. am Telefon hatte. In dem Gespräch ging es um einen Internet-Anschluss, der nach einigem Hin und Her vom Anbieter gesperrt worden war. M. hatte seinerzeit zwei Internet-Verträge für seinen Computer zu Hause abgeschlossen, obwohl ein Vertrag nach Auskunft eines Technikers vollkommen gereicht hätte.

Gleichzeitig hatte ihm der Anbieter einen zweiten WLAN-Router geschickt, den M. überhaupt nicht benötigte, und ihn deshalb doppelt zur Kasse gebeten. Am Telefon regte er sich derart darüber auf, dass der Mitarbeiter wegen des gutturalen Akzents kein Wort verstand. Aus Gründen der Zuständigkeit lehnte er eine weitere Diskussion ab und verwies den Anrufer stattdessen an eine andere Stelle innerhalb des Hauses.

Es war offensichtlich, dass der wütende Informatiker sich in dem Gespräch immer mehr in Rage redete, sich nicht verstanden fühlte und gerade deshalb immer weniger zu verstehen war. Mit angeblich »drohendem Unterton« erklärte er schließlich, dem Anbieter die Box im Paket zurückzusenden.

Der Mitarbeiter hingegen hatte »Bombe« verstanden und prompt Anzeige erstattet. Laut Anklage hat Ismail M. mit dieser Äußerung dem Mitarbeiter »einen Mord angedroht und polizeiliche Maßnahmen ausgelöst«. Für die Anklagebehörde ist damit erwiesen, dass sich M. strafbar gemacht hat, weil er bewusst den öffentlichen Frieden bedroht und gestört hat.

Entscheidend wäre nun die Aussage des Mitarbeiters des Internet-Anbieters. Der allerdings sitzt in Kiel in einem Callcenter. Aus Kostengründen und der Verhältnismäßigkeit wegen hat das Gericht die Anreise des Mannes nicht angeordnet.

Letztlich sei nicht auszuschließen, dass Ismail M. am Telefon falsch verstanden worden sein könnte, entscheidet der Richter. Das Verfahren wird daraufhin im allseitigen Einverständnis von Gericht, Staatsanwaltschaft und dem Angeklagten auf Kosten der Staatskasse eingestellt. Und Ismail M. ist froh, weiterhin auf ein blütenweißes Strafregister verweisen zu können.

# HEIMLICH GEFILMT

Kameras, Stative, Objektive, Videogeräte – die Ermittler staunten nicht schlecht, als sie im Januar 2018 die Wohnung eines Zahnarztes in Köln durchsuchten. Das professionelle Equipment des Mediziners hatte seinen Grund. Seit Jahrzehnten ging der – ansonsten bisher völlig unbescholtene – Vierzigjährige einem ungewöhnlichen Hobby nach. Mit Spezialkonstruktionen am Fenster seiner Wohnung hatte er Spiegel und Videokameras angebracht, um so die Mieterin von gegenüber zu filmen: beim Ankleiden, nackt im Bad beim Zähneputzen oder im Schlafzimmer beim Sex.

Es blieb nicht bei dem einen Opfer: Laut Anklage soll der Arzt in mindestens neunundsechzig Fällen ähnlich vorgegangen sein, hatte sich später sogar unerkannt Zugang zu den Wohnungen im Haus verschafft. Wegen Hausfriedensbruchs, Verletzung des höchst persönlichen Lebensbereiches und Besitzes von Kinderpornografie wurde ihm nun vor dem Amtsgericht der Prozess gemacht.

Aufgeflogen war das Ganze, weil der Zahnarzt auch einen Hang zur Kinderpornografie hatte und einer Sonderermittlungsgruppe ins Netz ging, die auf solche Fälle spezialisiert ist. Die ausspionierten Frauen hatten nichts gemerkt. Bei der Wohnungsdurchsuchung stießen die Ermittler nicht nur auf die umfangreiche technische Ausrüstung, sondern auch auf zahlreiche Videos, die der Arzt von seinen Nachbarinnen im Haus und gegenüber heimlich gedreht hatte.

Offensichtlich begnügte er sich nicht nur mit den Aufnahmen, die von außen am Fenster gefilmt wurden, sondern verschaffte sich Zugang zu den Wohnungen der Frauen, ohne dass sie es merkten, installierte dort Kameras und bohrte Löcher in die Wände, um so möglichst alle Lebensbereiche der Frauen auf Film zu bannen.

In einigen Fällen filmte er sich auch selbst dabei, wie er im Schlafzimmer Sexspielzeug der Frauen aus den Schubladen holte und sich damit vergnügte. »Drei Tage und Nächte Videos in Dauerschleife«, so die Anklägerin, hatten die Ermittler das beschlagnahmte Material gesichtet.

Die Dateien speicherte der Arzt chronologisch mit Überschrift versehen ab und gab damit Einblick in seine offenbar gestörte Sexualität: »Stute«, »Knackarsch«, »Quarkbeutel« oder »Schamhügel«, um nur die harmloseren Beispiele zu nennen. Heute sagt er dazu: »Ich schäme mich zutiefst. Meine Sexualität hat sich nur auf den Voyeurismus beschränkt.« Er habe noch nie eine Partnerin gehabt.

Als Zahnarzt ist S. beruflich erfolgreich, im Privatleben sieht das anders aus. Glaubt man seinen Angaben, war das von frühester Jugend an so. S. galt schon in der Schule als Außenseiter: ein Einzelgänger, der sich zurückzog. Die Familienverhältnisse waren schwierig: Die Mutter, depressiv und alkoholkrank, nahm sich das Leben, wie schon zuvor die Großmutter. Der Vater war eher distanziert. »Mein privates Leben ist schiefgelaufen«, sagt der Zahnarzt heute und nennt den Tag der Durchsuchung durch die Polizei »meine Befreiung«. Seitdem er aufgeflogen ist, macht er eine Therapie, scheint offensichtlich auf dem richtigen Weg.

Die Anklägerin spricht von einer »menschen- und speziell frauenverachtenden Haltung«, die er durch die Taten gezeigt habe. Sie plädiert auf eine Freiheitsstrafe von einem Jahr und zehn Monaten. Das Urteil erfolgte antragsgemäß: »Sie haben den Opfern enormen Schaden zugefügt und unglaubliche Male Grenzen überschritten«, heißt es in der Urteilsbegründung.

## ÜBLICHE SCHLAFPOSITION

Die Frau auf dem Foto ist nackt und liegt auf dem Rücken, augenscheinlich auf einem Bett. Der Kopf ist weit nach hinten gebeugt, ihr Gesicht nicht zu erkennen. Die Beine sind weit geöffnet.

»Keine typische Schlafposition«, sagt der Verteidiger von Tim S. (40), der das Foto nach Überzeugung aller Prozessbeteiligten in der Nacht vom 17. auf den 18. April 2019 geschossen hat. Die Frage ist nur, ob mit oder ohne Wissen der Frau, die damals mit ihm eine kurze Affäre hatte.

Sie bestreitet ihre Erlaubnis, hatte angeblich nichts davon gewusst, als sie Monate nach Beendigung der Beziehung in den sozialen Netzwerken von einer ihr unbekannten Frau das Foto mit dem Hinweis zugeschickt bekam: »Hey, bist du das nicht auf dem Foto? Geh mal davon aus, dass die Veröffentlichung ohne deine Erlaubnis geschah. So was geht gar nicht. Wir Frauen müssen zusammenhalten.«

Die Verwaltungsangestellte hatte sich in der Tat auf der Aufnahme wiedererkannt, ebenso die Örtlichkeit, die Wohnung bzw. das Schlafzimmer ihres Exliebhabers. Und den Einzelhandelskaufmann prompt wegen Verletzung des höchst persönlichen Lebensbereiches angezeigt.

Der mehrfach – wenn auch nicht einschlägig – vorbestrafte Mann schwieg auf Anraten seines Verteidigers. Im Gegensatz zu seiner Exfreundin, die darauf bestand, ohne ihre Erlaubnis derart freizügig abgelichtet worden zu sein. Sie habe damals geschlafen, behauptete sie. Daran hatten allerdings nicht nur der Verteidiger wie auch der Richter angesichts der eingangs erwähnten, eher untypischen Schlafposition erhebliche Zweifel. Zumal die Verwaltungsangestellte zugeben musste, »ziemlich betrunken«, gewesen zu sein. An den gemeinsamen einvernehmlichen Sex konnte sie sich hingegen erinnern.

Sowohl für die Anklägerin als auch den Richter und den Verteidiger stand außer Frage, dass es Tim S. nicht nachzuweisen sei, dass er die Nacktaufnahme ins Netz gestellt habe. Zumal die Frau, die in den sozialen Netzwerken den Hinweis gab, anonym blieb und nicht ermittelt werden konnte.

Während die Staatsanwältin allein für die unerlaubte Bildaufnahme 3600 Euro Geldstrafe forderte, schloss sich der Richter dem Verteidiger an, der auf Freispruch plädierte. Letztlich könne nicht ausgeschlossen werden, dass die Frau nicht doch eingewilligt habe, in dieser Weise fotografiert zu werden. »Das ist nicht lebensfremd«, so der Richter. Eine »übliche Schlafposition« zeige das Bild jedenfalls nicht.

# FALSCHER POLIZIST

Es war Sommer, und es war brüllend heiß in jener Augustnacht 2019, als es im Garten einer Wohnanlage an der Universitätsstraße in Köln zum Eklat kam. Die Uhr zeigte bereits Stunden nach Mitternacht, doch die Gruppe junger Leute, überwiegend lateinamerikanischer Herkunft, unterhielt sich ebenso angeregt wie lautstark und temperamentvoll.

Der Diplom-Ingenieur, der Doktorand der Wirtschaftswissenschaft und die beiden Mitarbeiterinnen der Stadt Köln waren jedenfalls auch zu nächtlicher Stunde auf der Terrasse der Erdgeschosswohnung in rege Diskussionen vertieft, während der Nachbar aus dem ersten Stock bei geöffnetem Fenster vergeblich versuchte, in den Schlaf zu finden.

Nach einem Sechzehn-Stunden-Tag in einem Supermarkt war der Logistik-Fachmann Dirk S. (52) mehr als geschafft und hatte ein entsprechendes Schlafbedürfnis. Schlaf aber war ihm angesichts der lautstarken Unterhaltung der Nachbarn nicht vergönnt. »Gebt endlich Ruhe da unten«, rief er den Nachbarn zu. Doch niemand reagierte. Im Gegenteil. Die Lautstärke nahm sogar noch zu. Daraufhin begab sich der genervte Nachbar ins Erdgeschoss.

Laut Anklage in einer Bekleidung, die keinen Zweifel daran ließ, er sei Polizist. Dirk S. trug deutlich sichtbar umgeschnallt eine Pistole im Holster, am Ärmel seines T-Shirts prangte die Aufschrift: Polizei. Und dann sein Auftritt: »Ich zeige euch an, wenn ihr nicht sofort zuseht, dass ihr in die Wohnung kommt. Und macht gefälligst Türen und Fenster zu.« Angeblich soll er seine Worte mit dem Hinweis untermauert haben, als Polizist im Bereitschaftsdienst zu sein.

Die jungen Leute reagierten jedenfalls prompt, begaben sich in die Wohnung und riefen die Polizei. »Er war so aggressiv im Ton, wir hatten alle Angst vor ihm.« Deshalb habe er sich auf der Wache rückversichern wollen, erklärte Ingenieur Juan P. (32) seinen damaligen Anruf auf dem Polizeipräsidium: »Ich konnte mir nicht vorstellen, dass ein Polizist so unverschämt sein kann.«

Der Anruf gab ihm Recht. Es gab keinen Polizisten namens Dirk S. Stattdessen schickten die Beamten einen Kollegen in die Universitätsstraße und klingelten Dirk S. aus dem Bett. Er war inzwischen eingeschlafen. Seine Wohnung wurde durchsucht, die Gaspistole – für die er ordnungsgemäß einen Waffenschein vorweisen konnte – konfisziert und eine Anzeige wegen Amtsanmaßung geschrieben.

Auf der Anklagebank gibt sich S. kleinlaut. Alles sei ein Missverständnis gewesen. Er habe sich keinesfalls als Polizist ausgegeben, vielmehr habe man ihn falsch verstanden, schließlich sei es nicht weit her gewesen mit den Deutschkenntnissen der Lärmenden. Und die Waffe habe er »zum eigenen Schutz getragen«, als »Warnung«, denn er sei ein vorsichtiger Mensch, »schließlich waren die zu fünft und ich alleine«.

Der Richter jedenfalls zeigt Verständnis für die Gruppe: »Bei so einem Auftritt kann ich die einschüchternde Wirkung nachvollziehen.« Allerdings befindet er auch: »Es war eine Ruhestörung, die aus dem Ruder lief.« Dirk S. hätte den Weg über die Behörden suchen müssen, ein Anruf bei der Polizei oder dem Ordnungsamt wäre das Naheliegende gewesen. Nach einem Rechtsgespräch zeigen sich alle Prozessbeteiligten bereit, das Verfahren ohne Urteil zu beenden. Zahlt Dirk S. 600 Euro an eine Umwelt- und Tierschutzorganisation, dann werden die Akten geschlossen, und sein Strafregister bleibt ohne Eintrag.

# FRIEDHOFSKONZERT

Ein heißer Sommertag im August. Ein Sonntag zur Mittagszeit. Die Fenster sind weit geöffnet, die Hitze steht in der Luft, und so manch einer denkt an einen Mittagsschlaf, als ungewohnte Töne vom nahegelegenen Kalker Friedhof zu hören sind.

Der emeritierte Hochschulprofessor Friedhelm B. (72) hat sich wie schon so oft mit Notenständer und Trompete auf dem Friedhof positioniert, um dort mit swingender Jazzmusik im Stil der Dreißigerjahre ein Ständchen zu geben. »Ich hatte dort schon mein Publikum. Die Leute waren begeistert«, beschrieb der leidenschaftliche Hobbymusiker seine dahin positiven Erfahrungen vor Gericht. Allerdings: Die solcherart erfreuten Zuhörer hatte er namentlich nicht im Angebot. Und das wäre entscheidend gewesen, wie sich am Ende der Beweisaufnahme herausstellte. Im Übrigen sei er »Semi-Profi«, spiele seit über fünfzig Jahren in einer Band.

Weil ihm an jenem Augustsonntag allerdings mit Auftritt des Schlossermeisters Dieter T. (60) eine mehr als negative Begegnung widerfuhr, kam es zum Prozess wegen Beleidigung, Bedrohung und Körperverletzung.

»Was ist das für ein Krach, das ist doch eine schreckliche Ruhestörung«, hatte sich Anwohner T. vor dem Jazzmusiker mit Drohgebärde aufgebaut und ihn zum unverzüglichen

Abbruch dieser »Ruhestörung« aufgefordert. T. fühlte sich im Recht, zumal nach seiner Erinnerung auch vom angrenzenden Altersheim wiederholt der Ruf »aufhören« herüberschallte. Einige Spaziergänger hatten verzweifelt versucht, ihre wegen des Lärms bellenden Vierbeiner an der Leine kurz zu halten. So behauptete es zumindest der Schlossermeister, die Zeugen namentlich benannt hatte er nicht. Sodass er – genau wie der Hobbymusiker – vor Gericht mit seiner Behauptung ziemlich allein dastand.

»Ich bin selbst Musiker. Aber das klang so, als würde ein Anfänger üben. Da war überhaupt keine Stilrichtung erkennbar«, empörte sich im Gerichtssaal der Handwerker, der angeblich weder beleidigt noch mit der Faust zugeschlagen haben wollte, wie es in der Anklage stand. Deshalb hatte er gegen den Strafbefehl in Höhe von 1200 Euro Einspruch eingelegt.

Der Professor hatte ihn angezeigt, weil er sich das ungebührliche Verhalten seines Gegners nicht gefallen lassen wollte. Er sei als »Idiot und Spinner« bezeichnet worden und habe plötzlich »die Faust im Gesicht gehabt«.

Die Anklägerin hatte keinen Zweifel an der Schuld des Angeklagten, sie glaubte dem Hobbymusiker und hielt den Strafbefehl daher für angemessen. Anders jedoch die Richterin. Sie sprach den Schlosser nach dem Grundsatz »im Zweifel für den Angeklagten« frei. Begründung: »Hier stand Aussage gegen Aussage, die beide logisch und schlüssig sind.« Der Juristin fehlten Zeugen, sowohl der einen wie der anderen Seite, die den jeweiligen Standpunkt hätten belegen können.

# FETTER HINTERN

Ein quietschender Toilettendeckel vom Nachbarn nebenan hat eine neunundzwanzigjährige Verkäuferin nach Feierabend derart in Rage gebracht, dass die Frau sich für ihr aufbrausendes Verhalten nun vor dem Strafrichter beim Amtsgericht einfinden musste.

Sie hatte sich am Tatabend wie so oft über den Lärm des geräuschvollen Toilettendeckels des Mieters nebenan so aufgeregt, dass sie im angetrunkenen Zustand einen Teleskopstab griff, beim Nachbarn klingelte und ihm ohne Vorwarnung mehrmals mit der gefährlichen Waffe auf den Kopf schlug. Begleitet hatte sie ihre gewalttätige Aktion mit den Worten: »Kannst du deinen fetten Hintern nicht leiser hinsetzen?«

Der achtundvierzigjährige, deutlich übergewichtige Mann, hatte ein Schädeltrauma und mehrere Hämatome im Gesicht davongetragen.

Wegen gefährlicher Körperverletzung saß die zierliche Verkäuferin nun vor Gericht, gab alles zu und sprach von einem emotionalen Ausnahmezustand, indem sie sich damals befunden habe. Die Sorge um einen kranken Verwandten, um den sie sich kümmere, habe sie nervlich fertiggemacht.

Der Richter sah mildernde Umstände und verhängte eine Geldstrafe von 1200 Euro, dem Nachbarn wurden 350 Euro Schmerzensgeld zugesprochen sowie 25 Euro für eine zerrissene Halskette. Der Angeklagten müsse man zugutehalten, dass sie von Anfang an Reue und Einsicht gezeigt habe, begründete der Richter die Annahme eines minderschweren Falles. Der übliche Strafrahmen beginnt für gefährliche Körperverletzung bei sechs Monaten Freiheitsstrafe.

# ABSTRAKTE LEBENSGEFAHR

Das Auto stand in der prallen Sonne, alle Fenster und auch das Schiebedach waren fest verschlossen, das Thermometer zeigte knapp 30 Grad Außentemperatur, als Besucher des Porzer Flohmarktes an jenem Augustwochenende aus dem Fahrzeuginnern klägliches Geschrei vernahmen. Die alarmierten Ordnungshüter brachen den Wagen auf und fanden ein vierzehn Monate altes Kleinkind vor, das mit hochrotem Kopf in der Babyschale angeschnallt war und aus Leibeskräften schrie.

»Es bestand abstrakte Lebensgefahr«, urteilten Rechtsmediziner in ihrem Gutachten, aus dem vor dem Kölner Amtsgericht zitiert wurde. Angeklagt waren die Eltern des Mädchens, ein syrisches Flüchtlingspaar, wegen fahrlässiger Körperverletzung. Der Vater war an jenem Hochsommertag mit dem behinderten Sohn im Rollstuhl auf dem Flohmarkt unterwegs, um dem Zehnjährigen Schuhe zu kaufen. Derweil saß die Mutter bei der schlafenden Tochter im Auto. Dann klingelte plötzlich ihr Telefon.

In Panik meldete sich der Vater, weil der an einer Spastik leidende Sohn zu ersticken drohte; er hatte sich offenbar verschluckt, als er aus einer Wasserflasche seinen Durst stillen wollte. Für die Mutter gab es kein Zögern, sie war besorgt aus dem Auto geeilt, um ihrem Sohn zu Hilfe zu kommen. Ohne einen Gedanken an die Tochter zu verschwenden, hatte die

Zweiunddreißigjährige die schlafende Kleine im Auto zurückgelassen, als sie fluchtartig losgerannt war.

»Sie wähnte den Zehnjährigen nicht ohne Grund in Lebensgefahr«, beschrieb die Anwältin des Paares das Geschehen. Überhaupt habe das Ganze höchstens zehn Minuten, vielleicht eine Viertelstunde gedauert. Die Anklage war dagegen noch von dreißig Minuten ausgegangen.

»Alles geschah jedenfalls aus Sorge und nicht, weil hier einfach nur eingekauft werden sollte.« Darin zeigten sich Gericht und Staatsanwaltschaft einig.

Die Eltern seien durch das Ermittlungsverfahren genug gestraft, hieß es weiter. Zumal die inzwischen zwei Jahre alte Tochter von dem Vorfall keinerlei bleibende Schäden davongetragen habe, wovon sich sämtliche Prozessbeteiligten im Gerichtssaal überzeugen konnten. Dort nämlich spielte die Kleine vergnügt und putzmunter auf dem Schoß ihrer Mutter und malte bereitwillig auf Geheiß der Vorsitzenden Richterin ein Bild, nachdem ihr zuvor Papier und Bleistift gereicht worden waren.

Unter allseitigem Einverständnis wurde das Verfahren ohne Auflagen eingestellt und auf ein Urteil verzichtet.

# BLANK GEZOGEN

Weil er sich nicht anders zu helfen wusste, zog ein Mieter vor seinem Nachbarn blank: Ständige Provokationen, Beschimpfungen und üble Verleumdungen hatten die Nerven des neunundfünfzigjährigen Ingenieurs Ali M. derart strapaziert, dass er beim Anblick seines Nachbarn, der wieder einmal wie so oft mit der Videokamera hinter ihm stand, um ihn aufzunehmen, kurz entschlossen seine Hose öffnete und ihm sein Geschlechtsteil entgegenhielt.

»Das Geschehen hatte keinerlei sexuellen Bezug«, beeilte sich der Richter nach Anklageverlesung, die Tat in den korrekten Kontext zu stellen. Vielmehr habe der Angeklagte, der sich wegen Beleidigung und Bedrohung verantworten sollte, offensichtlich die Nerven verloren und überreagiert. Ihm sei wohl der Kragen geplatzt.

Seit fast einem Jahrzehnt wohnt Ali M. in der Ehrenfelder Genossenschaftswohnung. Nie gab es Streit mit den Nachbarn. Bis vor zwei Jahren, als der ungeliebte Mieter T. einzog. »Er ist ein Türkenhasser«, sagte Ali M., der sich so die feindliche Gesinnung des neuen Nachbarn erklärt, mit dem es immer wieder Ärger gibt. »Er macht mir das Leben schwer, ist schnell auf hundertachtzig«, so M. auf der Anklagebank. Selbst eine Aussprache beim Schiedsmann sei ergebnislos verlaufen. Eine Erklärung für die ständigen Provokationen hatte M. ebenfalls parat: »Er will, dass ich ausziehe, damit seine Freundin meine Wohnung haben kann.«

Am Tattag kam Ali M. gerade mit dem Rad nach Hause, als der Nachbar wieder einmal mit der Videokamera auf dem Balkon stand und die Linse auf ihn hielt, wobei er üble Beschimpfungen von sich gab. »Du Terrorist, pädophiler Kinderschänder«, schimpfte M. und ließ die Hose herunter.

»Wir bestreiten die Vorwürfe nicht. Das ist ja alles auf dem Video zu sehen«, gab der Verteidiger für seinen Mandanten ein Geständnis ab. Da M. nicht vorbestraft ist, hielt der Richter eine Einstellung gegen Zahlung von 150 Euro an die Staatskasse für ausreichend – und verzichtete damit auf ein Urteil.